MEMORIES FOR TOMORROW: MEXICAN-AMERICAN RECOLLECTIONS OF YESTERYEAR

MEMORIAS PARA MANANA: NUESTRA HERENCIA MEXICANA

by

Margaret Beeson

Marjorie Adams

Rosalie King

Blaine Ethridge — Books
13977 Penrod Road • Detroit, Michigan U.S.A. 48223

Please write for a free annotated list of books on Latin America
and related subjects.

Cover design by Reynaldo Montoya who has incorporated
the motif of the eagle and serpent, important in the folklore
of Mexico and the emblem used in the Mexican flag which is
red, green and white.

Printed in the United States of America

Library of Congress Cataloging in Publication Data

Beeson, Margaret, 1926-
    Memories for tomorrow.

    Spanish and English.
    Bibliography: p.
    1. Mexican Americans--Kansas--Biography. 2. Mexico--
History--Revolution, 1910-1920--Personal narratives.
3. Mexico--History--Revolution, 1910-1920--Refugees.
4. Kansas--Biography. I. Adams, Marjorie, 1922-
II. King, Rosalie, 1938-   . III. Title. IV. Title:
Memorias para mañana. (DNLM: 1. Holistic health.
2. Human development. BF 713 T737)
F690.M5B43   1983   978.1'0046872   83-5536
ISBN 0-87917-086-7

6-3-85

TABLE OF CONTENTS / INDICE GENERAL

PREFACE

In order to preserve various aspects of the cultural heritage of those Mexicans who came to Kansas in the early days of this century, we contacted as many of these individuals as we could. In some cases our informants were personal friends; in others, the clergy of the Roman Catholic Church or other acquaintances gave us names and addresses. We called on the informants in their homes or places of business and recorded their reminiscences. The tapes were transcribed, edited, and then translated into English. Finally, the memories were classified according to their subject matter.

Margaret E. Beeson
Department of Spanish
Kansas State University

Marjorie Adams
Department of English
Kansas State University

Rosalie King
Foreign Language Department
Manhattan Senior High School

PREFACIO

Para preservar varios aspectos de la herencia cultural de los mexicanos que llegaron a los Estados Unidos durante la primera parte de este siglo, nos pusimos en contacto con tantos de ellos como posible. En unos casos, nuestros informantes eran amigos nuestros, en otros, los padres de la Iglesia Católica o conocdos nuestros nos dieron sus nombres y direcciones. Visitamos a los informantes en sus casas particulares o en sus casas de negocios y grabamos sus memorias. Después de transcribir y poner en orden las cintas, las tradujimos al inglés. Finalmente se clasificaron las memorias según su contenido.

Margaret E. Beeson
Department of Spanish
Kansas State University

Marjorie Adams
Department of English
Kansas State University

Rosalie King
Foreign Language Department
Manhattan Senior High School

INTRODUCTION

In order for the reader to appreciate the selections included in this collection of cultural recollections, some historical context for them may be of help. An overview of the years between 1910 and 1940 will set the general political, social, economic, and religious background of the Mexico portrayed by our informants. This necessarily brief sketch does not pretend to do more than introduce the general reader to a fascinating period in the history of Mexico and in the history of Kansas.

Political conditions in Mexico were in a state of constant turmoil between 1910 and 1924.[1] While Francisco I. Madero (1911-1913) symbolized the 1910 Revolution, the conflict which ended Porfirio Díaz' thirty-four years of rule (1876-1880 and 1884-1911), he was never in firm control of Mexico. Among the real leaders were men like Venustiano Carranza, Pascual Orozco, Pancho Villa, Emiliano Zapata, men who could attract small groups of personal followers that in turn would attract still others until their armies numbered in the thousands. Tannenbaum[2] estimates that Pancho Villa once commanded 40,000 armed men in the northern portion of Mexico shortly after the Revolution began. They continued to lead their private armies who lived off the countryside, including infrequently Texas, Arizona, and New Mexico, for some years after Madero and several successors came to office. Even after these local leaders had been defeated, political life remained unstable, with three leaders being assassinated, Madero (1911-1913), Carranza (1914, 1915-1920), and Obregón (1920-1924), and Calles (1924-1928) forced to leave the country by Cárdenas. Every transfer of power to a new president brought about armed resistance from some group. And that resistance disrupted the countryside more than the towns. The armies were drawn primarily from rural areas rather than from the few towns as indeed were the commanders of those armies. Zapata of Morelos and Villa of Durango were extremely poor workers on haciendas, and Obregón had a small ranch in Sonora. Unprepared to rule or command but yet thrust into positions of power while still quite young, they not surprisingly made errors, sometimes became corrupt, and with the exception of Calles failed to hold powerful positions for long.

Under the leadership of Carranza a constitutional convention was held in Querétaro on November 21, 1916, and the next year, 1917, a most remarkable constitution was adopted. The delegates differed markedly from those in the 1914 Convention of Aguascalientes, largely a collection of armed military men; only thirty percent were military men, and over fifty percent had university education and professional titles.[3] Two articles, 27 and 123, made this constitution the most advanced social document of its time. Article 27 vests ownership of all land and all resources beneath it in Mexico. This section was directed against foreign ownership of land and minerals, especially oil, and the large haciendas. Article 123 deals with the rights of the workingman, providing for an eight hour work day, six day work week, minimum wage, equal pay for equal work regardless of sex or nationality. Most important, it gave both labor and capital the right to organize for the defense of their respective interests and allowed the workers the right to bargain collectively and go on strike.[4] In the United States legislation similar to this came in 1936 in the Wagner Labor Relations Act. A controversial article was Number 3, which stated that education was to be free and secular, specifically forbidding the establishment or operation of primary schools by any religious institution or minister. This section was directed against the Roman Catholic Church. The Church bitterly objected and brought its objections to a climax ten years later in the clerical - led rebellion of the Cristeros. Article 9, which forbids foreigners from taking part in Mexican political life, was probably directed at the United States. This country had intervened with armed troops at Veracruz (1914) and in Mexico's northern states chasing Villa (1916). As James has pointed out, the Constitution is contradictory in that it preaches federalism but strengthens the central authority, guarantees individual rights but asserts the superiority of the group, upholds private property but provides for communal ownership.[5] These contradictions allowed subsequent regimes to interpret the Constitution to best fit the times. They did. The Constitution has had 104 revisions and 17 additions. This remarkable Constitution was not put into effect completely until Lázaro Cárdenas came to office in 1934 and redistributed more land than all the presidents between 1910 and 1934, expelled the oil companies, nationalized railroads, and broke the impasse between Church and State. Manuel Avila Camacho, who followed Cárdenas in 1940 was the first president since 1910 who came into office without having to face armed rebellion. Then, in 1946, Miguel Alemán, the first civilian since Madero, took office. The Constitution had indeed come into its own.

Conditions other than political ones caused Mexicans to flee their country. Probably the uneven distribution of land really brought about the Revolution of 1910. The hacienda system of land holding was brought to Mexico by the Spanish in 1521. In that year the capital city of the Aztecs fell to Hernando Cortez, and Spain continued to rule until 1810. Among the many differences between the Indians and the Spaniards were their differing views of property holdings. The Indians had a communal system of ownership; for example, the whole village owned a plot of land. The Spaniards knew individual ownership. After the conquest large grants of Mexican land went to the conquerors. And if there were any Indian villages on the land they were also given to the patentee. Alvarado, Cortez' captain, who executed one of the most brutal massacres of the whole conquest, was given Xochimilco, its floating gardens and 30,000 people. Another favorite of the king was given the entire state of Guanajuato. By 1572 most of the plateau and fertile lands had been given away in 500 huge grants. Later the Church began to acquire land, and by 1850 it owned a good half of these huge grants.

After independence in 1810 the Church took over all its wealth, not having to send anything to Spain and refusing to give anything to the new Mexican republic. Thus began the long struggle between Church and State. Benito Juárez in 1857, in the midst of civil war, promulgated laws that set the pattern of Church-State relations virtually to the time of Cárdenas. He confiscated all Church property and suppressed religious orders even to the extent that the government should designate buildings to be used for religious services.

Juárez (1867-1872), himself an Indian, also broke up the communal lands of the Indians in order to give the Indians a chance to own property, personally, but they did not understand such a system and ultimately lost land to the haciendas. Díaz,[6] in the name of modernizing the country, gave 30,000 acres to seven owners in Chihuahua, 5,000,000 to two owners in Coahuila, while in Morelos thirty-two people owned the entire state. Under Díaz, at one time, three haciendas occupied the 186 miles between Saltillo and Zacatecas. Properties of the Terrazas family in Chihuahua were the size of present day Costa Rica. In Hidalgo the Central Railroad passed through the Escandón estates for about ninety miles. In Lower California foreigners owned 78% of the land. Holdings like these the Revolution of 1910 wished to redistribute.

What was life like on the haciendas around 1910? Since not one major description of conditions of the hacienda during the epoch of Porfirio Díaz has as yet been published, we can draw some tentative conclusions based upon histories of individual haciendas located in northern, central, and southern Mexico. Conditions differed depending on the location, emphasis upon farming or ranching, types of crops raised, and of course upon the individual owner or *hacendado.*

Haciendas contained a very complex hierarchy of social groups. Generally speaking, there were three large groups with many subdivisions within each group.[7]

The first and most fortunate group included ranch managers, technicians to take care of recently purchased machinery on the more modern haciendas, prosperous tenants, such as the *habilitados* in the tobacco farms of San Andrés Tuxtla and the richer *tercieros* of the cotton farming area in the Laguna region of Coahuila, cowboys in all the northern region, and those *acasillados* or permanent residents, who were recipients of grants and favors from the *hacendado.*[8]

The second group included the *acasillados* who still had access to hacienda lands but whose salaries remained the same while prices of goods they bought from the hacienda steadily increased. In this category should also be placed the poorer tenants and temporary laborers in northern Mexico. Their great freedom of movement, the development of mining and industry, and the proximity of the United States allowed them greater opportunity to acquire a little more money than their counterparts in central and southern Mexico had.[9] They could do agricultural work, mine, or cross the border into the United States and work. Frequently they alternated, going where opportunity was greatest. In fact, Katz posits that large numbers of these workers participated in the early phases of the Revolution because of the unexpected closing of all three avenues. In 1903 thousands lost their jobs in the United States and were shipped back to Mexico; in 1909 thousands who worked in the mines in Mexico were laid off because of a financial crisis; in 1910 the corn crop failure was the worst in Mexican history.[10] But typical years allowed them to explore at least one or more avenues. As a result of these conditions a new type of laborer emerged, semi-agricultural, semi-industrial. The seasonal pattern of work they established in northern Mexico was probably the basis of their willingness to accept seasonal work in the United States after they immigrated and probably the reason that many even after immigration returned to Mexico for portions of each year.

A third group was the most unfortunate one. It included *acasillados* who had lost access to lands, the majority of tenants and sharecroppers, the contract workers, the temporary free laborers in the South and Center, as well as the indebted temporary laborers.[11] Former members of communal villages that had been expropriated made up the majority of temporary laborers and tenants in this third group. Many who lost freedom of movement because of debt peonage, especially in southeast Mexico, became virtual slaves. Debt peonage in other sections of Mexico kept laborers on haciendas but under more humane conditions.

Debt peonage was widespread throughout Mexico in 1910 and not necessarily because the *hacendado* wished or needed it except in the South. It continued to increase as the number of tenants and sharecroppers rose on central Mexican haciendas because of the expropriation of communal village lands and of the way sharecroppers and tenants were forced to farm. All these people worked the least desirable land on a hacienda and had to pay ever increasing portions of their produce to the hacienda.[12]

Acasillados in the South did not join early armies of the Revolution for a variety of reasons, Katz believes. Either they had no news of activities to the north of them or most probably were held in check by the *hacendado's* large police force. In the central area former owners of communal lands, now expropriated and working as tenant sharecroppers and temporary laborers of haciendas, made up the bulk of the membership in revolutionary armies. In the North, the bulk of membership came from semi-agricultural, semi-industrial workers, cowboys, and shepherds. The first group could not find work, and perhaps the latter groups had very little livestock to look after.[13]

As the Revolution continued, former owners of communal lands in the central area seized many of their original lands; in the North *hacendados* generally kept their lands, and late in the Revolution former owners of communal village lands in the South together with many *acasillados* joined to form one of the most radical movements for land reform in the country.[14]

At this time there were few schools for the poor of Mexico. Parkes[15] estimates that in 1910 about 70% of the rural population were illiterate.

The poor did profit from the railroad construction that Díaz promoted from the 1880's to the end of his regime. He increased the total number of kilometers from 691 to 24,717. In 1884 the Mexican Central Railroad reached El Paso, Texas, where it connected with the Santa Fe Railroad.[16] During the 1880's other United States rail lines reached the Mexican border. It would be on these railroads that many of the Mexican unskilled workers would eventually work and ultimately ride to the Mexican-United States border and cross.

Tannenbaum estimates that 82% of the rural communities in 1910 were located on haciendas and that only 3% of the population owned any land at all.[17] Using Tannenbaum's estimates, Frans J. Schryer studied some of the villages, those not located on haciendas, and found that the rancheros who lived in them constituted a small middle class or peasant bourgeoisie. They were insignificant in number but controlled close to a third of the rural population in Mexico in 1910.[18] The rancheros advocated land reform, but since their own holdings were below the limit set by agrarian legislation, they were not affected by it in subsequent years.[19] As late as 1921 in Guanajuato there were 3,629 hacienda communities and 118 non-hacienda communities with the former containing 79.1% of the total rural population.[20] From 1920 to 1929 Obregón and Calles distributed 4,500,000 acres of land in communal (*ejidal*) grants to 588,692 people. Those who owned the lands protected them at gunpoint. Much carnage and destruction resulted, and on many occasions the federal army had to intervene. Then some landless people simply took land by force and were evicted by force.[21] Elimination of the hacienda was a slow, slow process even after the 1910 Revolution. As we have mentioned, not until Cárdenas came to office in 1934 was there a determined effort to redistribute the land.

Since the countryside had been ravaged by many armies marching and countermarching, naturally the volume of agricultural products was disastrously affected between 1910 and 1930. The total volume in the 1920's never exceeded in any given year the amount of food grown in 1910, but the total population increased from 15,160,000 to 16,533,000 from 1910 to 1930 despite emigration and losses from revolutionary violence. Mexico grew 40% less corn and 31% less beans in 1929 than it had in 1907.[22] During the 1920's about 6,000,000 people left farms for life in the cities.[23]

Not all of the Mexicans entering the United States came from the rural areas. Many came from towns. From time to time towns were occupied by victorious generals and their troops. At these times residents were subjected to arbitrary taxation and to personal danger. But the poor in towns suffered most from near starvation. From 1914 until around 1924 severe food shortages existed. In 1916 Piedras Negras experienced food riots and both Mexico City and Veracruz saw unsuccessful governmental attempts to fix prices and force hoarded cereals on the public market. In the same year Durango reported about one hundred people dying each day from starvation. Aguascalientes in 1917 reported a 10% increase in the price of corn and a 20% increase in the price of sugar. In 1918 Guadalajara reported that in one year the price of corn and beans had trebled and flour had doubled.[24] A Mexican government report from the Office of the Secretary of Industry, Commerce, and Work stated that prices had generally risen 300% faster than wages during the 1920's.[25] Another government study carried out in 1927 showed that industrial wages averaged 1.29 to 1.76 pesos a day for a variety of jobs in 700 urban areas. Yet to maintain a minimum standard of living as defined by Mexican economists the average city family had to receive five pesos a day.[26]

To escape starvation, to find personal safety, to find gainful employment, to find political stability many Mexicans left urban and rural areas for the United States. Previously the general impression was that most came from the rural areas, but individual studies are calling this view in doubt. For example, a study of the Argentine district of Kansas City, Kansas, found that, of the long term residents, some 26% came from rural areas and 74% from towns with populations of 2,500 to 10,000.[27] The study could not take into account the large numbers who came for a brief time and then moved on to other areas.

Political and economic conditions in the United States also played their roles in the Mexican immigration.

World War I and United States' immigration laws of 1921 and 1924 stopped immigration of Poles, Slavs, and Italians into the United States. The 1924 legislation gave preference to immigrants from Central and Northwestern Europe and exempted from all quotas immigrants from Canada and all Hispanic American republics. This legislation, then, enabled the Mexican to travel freely back and forth across the border. He could come, work for an interval of time and return, not ever with the intention of becoming a United States citizen. Many did, coming alone, staying for a portion of the year and then returning to a family in Mexico. This habit calls into question the validity of our statistics; many census takers frequently expressed doubt as to the validity of their figures. Mexican immigrants and non-immigrants who legally entered the United States did so in the following numbers:

YEAR	IMMIGRANTS	NON-IMMIGRANTS	TOTAL
1910	17,760	3,327	20,997
1915	10,993	7,649	18,642
1920	51,042	17,350	68,392[28]
1925	32,378	17,351	49,729
1926	42,638	17,147	59,785
1927	66,765	13,873	80,639
1928	57,765	3,857	61,622
1929	38,980	3,405	42,385[29]

In addition to the numbers cited above probably 100,000 or so entered the country every year illegally after 1924.[30] These illegal entrants avoided entry requirements set down in 1924, requirements which included a fee of ten dollars to obtain a visa from an American consul, a head tax of eight dollars, a literacy test, and a medical examination.[31] Lack of money and a lack of formal education would probably have prevented many from entering the United States. Those individuals who assisted Mexicans in their illegal entry were called coyotes, and they existed in large numbers.

The total number of legal and illegal immigrants up to 1930 was estimated by the Mexican Secretary of Foreign Relations to be about one-eighth of Mexico's total population. Then, because of the Great Depression in the United States which began in 1929, about 300,000 to 400,000 returned to Mexico.[32]

Railroad construction both in Mexico and the United States provided the incentive for many Mexicans to immigrate and once in the United States, for many a means to live. As the railroad inched northward out of the Central Plateau region of Mexico it passed through the states of Jalisco, Michoacán, Guanajuato, Zacatecas, and Aguascalientes. This fertile area was densely populated and, of course, operated under the hacienda system. Here the ordinary Mexicans experienced extreme poverty, near starvation, long hours of work, and no hope for improvement.[33] They therefore found work on the railroad an improvement over that on the hacienda and seized their opportunity from the 1880's onward. After 1910 many would also come from towns. Around 1907 significant numbers were crossing and continued to do so in large numbers until around 1930. Wages before the Revolution of 1910 were as low as twenty-five cents a day in Mexico,[34] and for hacienda workers no money exchanged hands as they went into debt purchasing from the "company store."

Some immigrants went into the northern United States to work, but probably because of the climate and proximity to Mexico, most settled in the Southwest.

The following table will illustrate:

	1900	1910	1920	1930
ARIZONA	14,171	23,987	61,530	114,173
CALIFORNIA	8,086	33,694	88,881	368,013
COLORADO	274	2,502	11,037	57,676
NEW MEXICO	6,649	11,918	20,272	59,340
TEXAS	71,062	125,016	251,827	683,681[35]
KANSAS	71	8,429	13,770	22,500[36]

Once in the United States they found their lack of training and ignorance of the language forced them into positions requiring hand labor, for example, truck farming, cotton and sugar beet production, and work on the railroads.[37] In Kansas they also worked in salt mines and in meat packing. Since the Mexican immigrants came from such a poor background, they were willing to work for less than their Anglo counterparts, and their employers took advantage of their willingness. First generation Mexican-Americans began their existence in Kansas as well as in all other states on the lowest rung of the socio-economic scale.

Most Mexicans who came to Kansas were introduced by the railroad.[38] Labor contractors or *renganchistas,* as they were called by the Mexicans, met the legal or illegal immigrants in border towns such as El Paso and Laredo, Texas, and arranged for them to work on farms, ranches, in industries, and on railroads. In time commissary companies began to supply men as well as goods to railroads. The two companies that supplied men to the Atchison, Topeka, and Santa Fe Railway were the Holmes Supply and Hamlin Supply Companies.

At the outset, Mexicans worked largely as extra gang labor, being moved to various places on the railroad wherever they were needed for rail repairs. Later many became section hands and settled permanently in Kansas. After 1910, growing numbers of Mexicans became involved with sugar beet production around Garden City, salt mining in Hamilton, Lyons, and Kanapolis, meat packing in Wichita and Kansas City. Not until after World War II did they begin to have other types of occupations.

The distribution of Mexicans in Kansas was determined by the railroads since the large majority worked on them. The larger Mexican settlements are located at railroad division points and at the terminals of branch lines. Kansas City, Wichita, Topeka, Wellington, Dodge City, Garden City, and Newton early developed large Mexican settlements. While the Rock Island and M.K.T. were important in bringing in Mexicans, the most important was the Santa Fe. In 1928, for example, it employed 14,300 on all its lines.[39]

Work on the railroads was seasonal, usually from February or March to October and about the same times for sugar beet labor. Work in the salt mines was steady the year around, but working conditions were dangerous. Meat packing industries probably offered the best paying and steadiest work, but they were limited to a handful of cities. While the first generation immigrants had bettered their economic situation, they were still extremely poor. In Kansas they were not discriminated against by the Santa Fe; their wages were the same as those of the Anglos. In the 1920's railroad section laborers received $2.20 a day and in the 1930's their wages fluctuated between $2.80 and $3.25 a day.[40]

The Santa Fe was a particular favorite of the Mexican immigrant because of the fair pay scales and other reasons. To begin with, the railroad's official emblem, a circle with an upright bar traversed by a horizontal one, looked like a cross, a good omen to the deeply religious immigrant. And the omen proved valid. Santa Fe refused to fire its Mexican laborers when urged to by Governor Reed in 1930 at the height of the Depression.[41]

Many immigrants were not citizens and the rationale was to take care of United States citizens first and foreigners second with respect to jobs. Thousands were returned to Mexico by train. On June 1, 1921, the first train carrying 800 Mexicans from the Kansas City area left Kansas City, Missouri, for Mexico. The Kansas City Chamber of Commerce and the Mexican government shared the cost of $30,000. Two other trains carrying Mexicans from Kansas City and Topeka followed.[42] Trains also left from Chicago, Illinois, Los Angeles, California, various cities in Texas and other states. The repatriation program ran from May to October, and in October, 1921, the Mexican government claimed it had repatriated 50,000 of its nationals.[43]

Church groups and charitable organizations did what they could for those who remained. The Methodist Mexican Mission, founded in 1921, was an outstanding example. It served Mexicans in the Argentine district of Kansas City, Kansas, until 1951 acting as an intermediary between health and welfare agencies and assorted charities on the one hand and the Mexican-American population on the other.[44] Mexican-Americans helped each other, especially through their mutual aid societies. Finally, Mexican consular staffs in the United States were expanded in the 1920's, and they helped greatly with respect to civil rights of Mexicans.[45]

After the Great Depression of October, 1929, immigration virtually ceased and repatriation began in earnest. In 1931 the volume of forced and voluntary repatriation peaked; by 1935 as many as 500,000 laborers -- about one-half of those in the United States -- may have returned to Mexico.[46]

First generation Mexican immigrants suffered many types of social discrimination as well as economic. They were not readily assimilated into the dominant culture for a variety of reasons. To begin with they had their own language and customs to which they clung. They lived apart from the town along the railroad tracks in abandoned boxcars or in section housing provided by the railroads. The children, if they went to school, dropped out early in order to help the family earn a living. Even the Catholic churches in Emporia, Florence, Newton, and Wichita in the late 30's forced Mexicans to sit in specified pews.[47] They had extremely limited access to recreational facilities and could not even enter cafes and restaurants in any city. In short, there was almost no social contact between the Mexican and Anglo groups until World War II.

Finally, because of its enormous influence, the Roman Catholic Church deserves special note.

Cortez, of course, introduced the Roman Catholic faith into Mexico and almost immediately the new religion was accepted by the deeply mystical Indians. Conversion was so rapid that to many it seemed a miracle. The recent converts combined the rites of their previous religions with those of Roman Catholicism and did not worry overmuch about doctrine. Soon every village had its church and its individual saint. Tannenbaum believes the identification of the Indians and their Spanish masters as children of the same God saved the Indians' faith in themselves after the brutal conquest. Certainly in the early days such churchmen as Bartolomé de las Casas, Fray Juan de Zumárraga, Sebastián Ramírez de Fuenleal, and others became the Indians' only protectors and friends.[48]

As the Church moved out from the cities into the villages it began a different development. Subsequent political difficulties between Church and State would affect primarily those churchmen and congregations in towns. The villages never had to close churches, frequently did without priests, evolved many religious beliefs peacefully. It was this faith that allowed Father Hidalgo to raise almost effortlessly his large army in the Revolution of 1810. His standard was the Virgin of Guadalupe. Haciendas also had their churches for use by Mexican rural laborers.

But first generation Mexican-Americans in Kansas did not find a Roman Catholic Church waiting with open arms to receive them. In Newton, until the construction of Our Lady of Guadalupe Church in 1919, Mexican babies were baptized and other sacraments were administered in private homes by the pastor of the St. Mary's Church.[49] If the newcomers worshipped with Anglo congregations, they frequently suffered segregation. In Emporia, the basement of the Sacred Heart Church was renovated and mass was said for Mexicans two Sundays of each month.[50] By 1923, however, enough money had been donated to build a temporary chapel for the Mexican colony in Emporia. Mission work for small Mexican colonies and isolated work camps along railroads was performed by Catholic priests of various orders. Between 1914 and the late 1920's twelve national parishes for Mexican-Americans were established in

INTRODUCTION

Kansas and churches built in each.

The Church remained the most powerful center and cohesive force in the Mexican-American colony. It was a religious and social haven in an alien, often hostile, environment. In the Church the immigrant could use his Spanish language, wear traditional costume, celebrate Mexican Independence Day with a fiesta, and eat traditional food. The Church also perpetuated the separateness of the Mexican-Americans and their Anglo neighbors. Such a result was unfortunate and probably accidental. But time, second and third generations, World War II, and a growing spirit of understanding have all had a share in bringing the two groups together.

The Mexican-Americans of Kansas are now to be found in all professions; they are doctors, lawyers, teachers, nurses, etc. They have entered the political arenas and have served as mayors and members of both state and federal commissions. Their rich cultural and linguistic heritage has contributed a great deal to the growth of Kansas. Bilingualism is now a reality in many Kansas schools and will be more so in the future.

It is, therefore, with both pride and humility that we present these memories for tomorrow of our Mexican-American neighbors whose family roots lie across the border in Jalisco, Chihuahua, Michoacan, Guanajuato, Coahuila, Durango, San Luis Potosí, and the Federal District.

We acknowledge with gratitude the contributions made by our informants; David Jaramillo, Miguel Garibay, Sotero H. Soria, Bárbara Hernández, Chencho Alfaro, José Miranda, María Petra Alfaro, Eugenio Lavenant, Jim Martínez, Elsie González, Gregorio Mújica, Juanita Silva, Rosa Porras de Hernández, María L. Cárdenas de Juárez, Josefina Aguilera, Felicia Santos Silva, María Pérez Rivas, Manuel Muñoz, Sabino Martínez Arrayo, Anna L. Juárez, Teófila Alonza, Josefina Garibay, Lucía Martínez and Dolores Rodríguez King. We appreciate their receiving us into their homes — we often entered as strangers but emerged as friends — and allowing us to record their narratives. It is our hope that the memories of these fine people, most of whom came to the United States in the early years of this century will serve as living history for today's youth, tomorrow's adults.

We would also like to express our appreciation to the following for their assistance and encouragement: Belén Olson, Kathy de Jesús, Lorraine de Colón, Teresa Brooke, Alicia Opheim, Pablo Llamas, Magdalena C. de Moya, Begoña Serrador, Jane Mollett, Merced Aguilera, Bureau of Graduate Research — Kansas State University, Fr. Michael Garraby, Fr. William Carr, Fr. Francis Cox, Fr. Charles Steimel, Fr. Ignatius Manzo, and Bishop David M. Maloney.

INTRODUCCION

Para que el lector pueda apreciar las selecciones incluídas en esta colección de recuerdos culturales, un enfoque histórico de ellos puede ayudar. Una perspectiva de los años entre 1920 y 1940 establecerá, en general, el fondo político, social, económico y religioso del México retratado por nuestros informantes. Esta descripción breve no intenta a hacer más que presentar al lector a un período fascinador en la historia de México y en la historia de Kansas.

Las condiciones políticas en México habían estado en tumulto entre 1910 y 1924.[1] Aunque Francisco I. Madero (1911-1913) simbolizó la Revolución de 1910, el conflicto que dió fin a los treinta y cuatro años del mando de Porfirio Díaz (1876-1880 y 1884-1911), él nunca tuvo un control firme sobre México. Los verdaderos caudillos fueron hombres como Venustiano Carranza, Pascual Orozco, Pancho Villa, y Emiliano Zapata, hombres que pudieron atraer pequeños grupos de partidarios que por sí mismos atrajeron aún otros hasta que sus números crecieron a los miles. Tannenbaum[2] calcula que una vez Pancho Villa fue el jefe de 40.000 hombres armados en el norte de México poco después del principio de la Revolución. Por varios años después de que Madero y unos de sus sucesores tomaron posesión, estas bandas armadas y sus caudillos continuaron subsistiendo de lo que encontraban en el campo, y a veces se aventuraban a entrar en Tejas, Arizona, y Nuevo México. Aún después de que estos jefes locales habían sido derrotados, las condiciones políticas siguieron inestables. Tres líderes, Madero (1911-1913), Carranza (1914, 1915-1920), y Obregón (1920-1924) fueron asesinados, y Calles (1924-1928) fue desterrado por Cárdenas. Cada cambio de poder a un nuevo presidente trajo consigo una resistencia armada de algún grupo rival. Dicha resistencia causó aún más conflictos en el campo que en los pueblos. Los líderes y sus partidarios provenían principalmente de las regiones rurales. Zapata de Morelos y Villa de Durango fueron trabajadores muy pobres en haciendas, y Obregón tuvo un ranchito en Sonora. Sin preparación para gobernar, pero puestos en una posición de autoridad cuando eran todavía muy jóvenes, no es sorprendente que cometieran errores y que, a veces, se corrompieran. Con la excepción de Calles, ninguno estuvo en poder por mucho tiempo.

Bajo la dirección de Carranza, hubo una convención constitucional en Querétaro el 21 de noviembre de 1916, y en el año siguiente, 1917, se adoptó una constitución extraordinaria. Los delegados de la Convención de 1914 de Aguascalientes habían sido, en gran parte, hombres militares. Una diferencia marcada fue que de los delgados de la convención que tuvo lugar en 1916 solamente treinta por ciento eran hombres militares mientras que más de cincuenta por ciento tenían educación universitaria o eran hombres profesionales.[3] Dos artículos, el 27 y el 123, hicieron esta constitución el documento social más avanzado de su época. El artículo 27 da el derecho de propiedad de toda la tierra y sus recursos del subsuelo a la república de México. Esta acción fue dirigida contra el control de los extranjeros y los latifundistas sobre los derechos de propiedad de terrenos y minerales, especialmente el petróleo. El artículo 123 refiere a los derechos del trabajador: un día de trabajo de ocho horas, una semana de trabajo de seis días, un sueldo mínimo y el pago igual para el trabajo igual sin hacer caso del sexo o la nacionalidad. De suma importancia, les dió a la clase obrera y a la clase directiva el derecho de organizar para la defensa de sus propios intereses y permitió que los obreros tuvieran el derecho de hacer contrato en masa y declarar huelga.[4] Una legislación similar a ésta no tuvo lugar en los Estados Unidos hasta 1936 con el Wagner Labor Relations Act. Un artículo polémico, el 3, manifestó que la educación debía ser gratis y secular, específicamente prohibiendo el establecimiento u operación de escuelas primarias por una institución religiosa. Esta sección fue dirigida en contra de la iglesia católica. La iglesia se opuso firmemente y sus objeciones fueron más tarde la causa de la rebelión clerical de los cristeros. El artículo 9 que prohibe que los extranjeros participen en la política, fue probablemente dirigido a los Estados Unidos. Este país había intervenido con tropas en Veracruz (1914) y había perseguido a Villa a través del norte de México (1916). De acuerdo con James, la constitución es contradictoria por el hecho de que predica el federalismo pero refuerza la autoridad central, garantiza los derechos del individuo pero asegura la superioridad del grupo, sostiene la propiedad privada pero estipula los derechos a la propiedad comunal.[5] Estas contradicciones permitieron que otros regímenes subsecuentes interpretaran la constitución de acuerdo con la época. Así sucedió. La constitución ha tenido 104 revisiones y 17 adiciones. Esta extraordinaria constitución no se puso en práctica completamente hasta que Lázaro Cárdenas fue elegido presidente en 1934. El repartió más tierra que todos los otros presidentes de 1910 a 1934, expulsó a las compañías petroleras extranjeras, nacionalizó los ferrocarriles y resolvió los desacuerdos entre el gobierno y la iglesia. Manuel Avila Camacho, sucesor de Cárdenas en 1940, fue el primer presidente desde 1910 que tomó posesión sin tener que enfrentarse con ninguna rebelión armada. En 1946, Miguel Alemán, el primer presidente desde Madero que no era militar, fue elegido. La constitución se hizo una realidad.

Había otras condiciones además de las políticas que forzaron a los mexicanos a abandonar su país. Probablemente la distribución desigual de la tierra causó la Revolución de 1910. El sistema de propiedad de las haciendas fue traído a México por los españoles en 1521. En ese año la capital de los aztecas cayó a manos de Hernán Cortés, y España continuó reinando sobre México hasta 1810. Entre las muchas diferencias entre los indios y los españoles existía la del punto de vista del derecho de propiedad. Los indios tenían un sistema comunal de propiedad; por ejemplo, una parcela de tierra le pertenecía a todo el pueblo. Los españoles estaban acostumbrados a la propiedad individual. Después de la conquista, los conquistadores recibieron grandes concesiones de tierra, y si existían pueblos indios en esa tierra, éstos también fueron incluídos. Alvarado, un capitán de Cortés, que fue responsable por una de las matanzas más brutales de toda la conquista, recibió Xochimilco, sus jardines flotantes y 30.000 personas. Todo el estado de Guanajuato fue adjudicado a otro favorito del rey. Para 1572 la mayoría de las altiplanicies y los terrenos fértiles habían sido asignados en 500 grandes concesiones. Después, la iglesia empezó a adquirir tierra, y para 1850 le pertenecía, aproximadamente, la mitad de estas concesiones.

Después de la declaración de independencia de México en 1810, la iglesia se encargó de toda su riqueza sin tener que mandar nada a España y rehusó dar cualquier cosa a la nueva república de México. Así comenzó el conflicto entre la iglesia y el gobierno. En 1857, durante una guerra civil, Benito Juárez promulgó leyes para establecer un sistema de relaciones entre la iglesia y el gobierno. Estas leyes continuaron prácticamente intactas hasta la época de Cárdenas. El confiscó toda la propiedad de la iglesia y suprimió los órdenes religiosos hasta el punto de que el gobierno designaba los edificios usados para los servicios religiosos.

Juárez (1867-1872), siendo indio él mismo, también dividió las propiedades comunales de los indios para darles la oportunidad de tener propiedades personales. Los indios no entendieron el sistema y, al fin, perdieron sus tierras, las cuales terminaron en manos de los hacendados. Díaz,[6] con el pretexto de modernizar el país, dió 30.000 hectares a siete propietarios en Chihuahua y 5.000.000 a dos propietarios en Coahuila. En Morelos, todo el estado les pertenecía a treinta y dos personas. En un tiempo, bajo el régimen de Díaz, tres haciendas ocupaban las 186 millas entre Saltillo y Zacatecas. Las propiedades de la familia Terrazas en Chihuahua eran del tamaño de lo que hoy es Costa Rica. En Hidalgo, el ferrocarril cruzaba las propiedades de Escandón por noventa millas. En Baja California el 78% de la tierra les pertenecía a extranjeros. La Revolución de 1910 trató de redistribuir propiedades como éstas.

¿Cómo era la vida en las haciendas alrededor de 1910? Ya que no han sido publicadas ningunas descripciones importantes de las condiciones generales en las haciendas durante la época de Porfirio Díaz, podemos derivar ciertas conclusiones basadas en las historias de haciendas individuales ubicadas en el norte, centro y sur de México. Las condiciones variaban de acuerdo con la localidad, con el énfasis en la producción agrícola o en la ganadería, con los tipos de cosechas, y, por supuesto, con el dueño o hacendado en particular.

Dentro de las haciendas existía una jerarquía muy compleja de grupos sociales. En general había tres guupos principales con muchas subdivisiones dentro de cada grupo.[7]

El primer grupo, y el más afortunado, incluía los mayordomos, los mecánicos encargados de la maquinaria recientemente comprada en las haciendas más modernas, los arrendatarios prósperos, como los habilitados en las fincas de tabaco en San Andrés Tuxtla, los terceros más ricos de las haciendas productoras de algodón en la región de Laguna en Coahuila, los vaqueros en toda la región norteña y aquellos acasillados o residentes permanentes que recibían concesiones y favores del hacendado.[8]

El segundo grupo incluía los acasillados que aún tenían acceso a las tierras de la hacienda, pero cuyos salarios no aumentaban mientras que lo que compraban en la hacienda continuaba subiendo de precio. En esta categoría deben también incluirse los arrendatarios más pobres y los obreros temporarios del norte de México. Su gran libertad de movimiento, el desarrollo de la minería y de la industria, y la proximidad a los Estados Unidos les permitía mayor oportunidad de ganar un poco más dinero que sus contrapartes en el centro y sur de México,[9] ya que podían trabajar en el campo, en las minas o cruzar la frontera con los Estados Unidos y trabajar. Alternaban con frecuencia, yendo a donde había mejores oportunidades. Katz acepta como hecho que un gran número de estos trabajadores participaron en las primeras fases de la Revolución, debido al cierre inesperado de estas tres avenidas. En 1908, miles perdieron sus empleos en los Estados Unidos y fueron repatriados a México; en 1909, debido a la crisis financiera, se desocuparon miles de trabajadores en las minas; en 1910, la pérdida de la cosecha de maíz fue la peor en la historia de México.[10] Pero los años típicos les dieron oportunidad de explorar cuando menos una o más avenidas. Como resultado de estas condiciones, emergió un nuevo tipo de obrero, semi-agrícola, semi-industrial. El sistema de trabajo temporal establecido en el norte de México fue, probablemente, la razón de que aceptaron el trabajo temporal en los Estados Unidos después de emigrar y, probablemente, la causa por la cual muchos, aún después de emigrar, volvían a México por parte de cada año.

El tercer grupo era el más desafortunado. Incluía los acasillados que habían perdido el acceso a las tierras, la mayoría de los arrendatarios y medieros, los trabajadores por contrato, los obreros temporarios libres en el sur y el centro, y también los obreros temporarios endeudados.[11] Los antiguos miembros de las aldeas comunales que habían sido expropiadas formaban la mayoría de los obreros temporarios y arrendatarios en este tercer grupo. Muchos que prefirieron la libertad de movimiento debido a deudas de peonaje, especialmente en el sureste de México, se convirtieron, prácticamente, en esclavos. En otras secciones de los obreros tuvieron que permanecer en las haciendas debido a la deuda de peonaje, pero bajo condiciones más compasivas.

La deuda de peonaje era muy común a través de México en 1910 y no porque el hacendado la deseaba o la necesitaba, excepto en el sur. Continuó aumentando a medida que el número de arrendatarios y de medieros aumentaron en las haciendas del centro de México después de la expropiación de las tierras de las aldeas comunales y a causa de la forma en que los arrendatarios y medieros fueron forzados a cultivar la tierra. Generalmente, todas estas gentes cultivaban las tierras más pobres de la hacienda y la porción del producto que tenían que pagar a la hacienda aumentaba continuamente.[12]

Katz cree que los acasillados en el sur no unieron a los primeros grupos revolucionarios por varias razones. Ya sea que no tuvieron noticias de las actividades al norte de ellos, o más probablemente que la policía del hacendado les impidió que se fueran. En el centro, los antiguos propietarios de las tierras comunales expropiadas, que trabajaban como medieros u obreros temporarios en las haciendas, formaban la mayoría del ejército revolucionario. En el norte, la mayoría provino de los trabajadores semi-agrícolas, semi-industriales, vaqueros y pastores. El primer grupo no podía encontrar trabajo, y quizá los últimos grupos tenían muy poco ganado que cuidar.[13]

A medida que la Revolución continuaba, los antiguos propietarios de las tierras comunales en el centro se apoderaron de sus terrenos originales; en el norte los hacendados generalmente conservaron sus tierras; y más tarde durante la Revolución los antiguos propietarios de las tierras comunales en el sur se unierton con muchos acasillados para formar uno de los movimientos más radicales de reforma agraria en el país.[14]

En esta época había muy pocas escuelas para los pobres en México. Parkes[15] calcula que en 1910, aproximadamente 70% de la población rural era analfabeta.

Los pobres mejoraron debido a la construcción del ferrocarril que promovió Díaz desde 1880 hasta el fin de su régimen. El aumentó el número de kilómetros de 691 a 24.717. En 1884, el Ferrocarril Central Mexicano llegó a El Paso, Tejas, donde hizo conexión con el Ferrocarril de Santa Fe.[16] Durante la decena de 1880 otros ferrocarriles americanos llegaron a la frontera mexicana. Sería después en estos ferrocarriles donde muchos de los inexpertos trabajadores mexicanos trabajarían y finalmente irían a la frontera para cruzar a los Estados Unidos.

Tannenbaum calcula que en 1910 un 82% de las comunidades rurales estaban ubicadas en las haciendas y que sólo 3% de la población tenía tierra propia. Usando los cálculos de Tannenbaum, Franz J. Schryer estudió algunas de las aldeas, las que no estaban localizadas en las haciendas, y se dió cuenta de que los rancheros que vivían allí constituían una pequeña clase media o burguesía campesina. Eran insignificantes en número pero controlaban cerca de un tercio de la población rural de México en 1910.[18] Los rancheros abogaban por una reforma agraria, y debido que sus posesiones eran menores que el límite establecido por la legislación agraria, no fueron afectados en los años subsecuentes.[19] Aún en 1921 había en Guanajuato 3.629 aldeas dentro de las haciendas y 118 afuera; las primeras contenían 79.1% de la población rural total.[20] De 1920 a 1929, Obregón y Calles distribuyeron 4.500.000 de acres de tierra en forma de ejidos a 588.692 personas. Los que eran propietarios de las tierras las defendieron a punta de fusil. Esto resultó en mucha destrucción y mortalidad y en muchas ocasiones tuvieron que intervenir las tropas federales. Algunas gentes que no tenían tierra la tomaron a fuerza y tuvieron que ser expulsados también a fuerza.[21] La eliminación de la hacienda fue un proceso muy lento aún después de la Revolución de 1910. Como mencionamos antes, no hubo un esfuerzo determinado para redistribuir la tierra hasta que Cárdenas llegó a la presidencia en 1934.

Debido a que los campos habían sido arruinados por las marchas y contramarchas de muchas tropas, era natural que la producción agrícola fuera afectada desastrosamente entre 1910 y 1930. El volumen total en la decena de 1920 nunca excedió, en cualquier año dado, a la cantidad de alimento cosechado en 1910, mientras que la población total aumentó de 14.160.000 a 16.533.000 de 1910 a 1930 a pesar de la emigración y las pérdidas causadas por la violencia revolucionaria. México cosechó 40% menos maíz y 31% menos frijoles en 1929 que lo que había cosechado en 1907.[22] Durante los años entre 1920 y 1930 cerca de 6.000.000 de gente se cambiaron del campo a las ciudades.[23]

No todos los mexicanos que entraron a los Estados Unidos eran de origen rural. Muchos vinieron de los pueblos. De vez en cuando un pueblo era tomado por generales victoriosos y sus tropas. En estas ocasiones los residentes tenían que pagar impuestos arbitrarios y sufrir riesgos personales. Pero los pobres en los pueblos fueron los que sufrieron más, hasta casi morirse de hambre.

De 1914 hasta alrededor de 1924 hubo una gran escasez de alimento. En 1916, hubo protestas violentas en Piedras Negras y tanto en la ciudad de México como en Veracruz el gobierno trató, sin éxito, de controlar los precios y forzar los cereales acaparados hacia el mercado público. En el mismo año Durango reportó que cien personas se morían de hambre cada día. En 1917, Aguascalientes reportó un aumento de 10% en el precio del maíz y 20% en el precio del azúcar. En 1918, Guadalajara reportó que en un año el precio del maíz y los frijoles se había triplicado, y el de la harina se había doblado.[24] Un reporte del gobierno mexicano de la Oficina del Secretario de Industria, Comercio, y Trabajo declaró que los precios, generalmente, habían aumentado un 300% más rápidamente que los salarios en la decena de 1920.[25]

Otro estudio del gobierno llevado a cabo en 1927 mostró que los salarios industriales promediaban de 1.29 a 1.76 pesos diarios por varias ocupaciones en 700 localidades urbanas. Sin embargo, para tener una norma mínima de vida, de acuerdo con la definición de economistas mexicanos, la familia promedia en la ciudad tendría que recibir 5 pesos diarios.[26]

Para no morirse de hambre, para encontrar seguridad personal, para encontrar un buen empleo, y para encontrar estabilidad política, muchos mexicanos dejaron las localidades rurales o urbanas para irse a los Estados Unidos. Anteriormente existía la creencia general de que la mayoría había venido de las zonas rurales, pero algunos estudios individuales están en contra de este punto de vista. Por ejemplo, un estudio del distrito Argentine en Kansas City, Kansas indicó que de los residentes de largo tiempo como un 26% vinieron de zonas rurales y un 74% de poblaciones de 2.500 a 10.000 habitantes.[27] Este estudio no pudo tomar en cuenta el gran número de los que vinieron por un tiempo corto y después se mudaron a otra parte.

Las condiciones políticas y económicas de los Estados Unidos, también, fueron factores determinantes en la emigración mexicana.

La Primera Guerra Mundial y las leyes de imigración de los Estados Unidos en 1921 y en 1924 detuvieron la emigración de polacos, eslavos e italianos. En 1924 la legislación dió preferencia a los emigrantes del centro y nordoeste de Europa y eliminó las cuotas para los emigrantes del Canadá y de las repúblicas hispanoamericanas. Estas leyes facilitaron que el mexicano cruzara libremente la frontera en ambas direcciones. El podía entrar, trabajar por un tiempo y regresar sin ninguna intención de hacerse ciudadano norteamericano. Muchos así lo hicieron; venían solos, trabajaban por una parte del año y luego volvían a México a sus familias. Esta costumbre hace dudar la validez de las estadísticas presentadas a continuación. Los que tomaban el censo, frecuentemente, expresaban su duda de la validez de estas estadísticas. Los emigrantes mexicanos y los que venían a los Estados Unidos y luego volvían a México lo hicieron en los números siguientes:

ANO	EMIGRANTES	NO EMIGRANTES	TOTAL
1910	17.760	3.327	20.997
1915	10.993	7.649	18.642
1920	51.042	17.350	68.392[28]
1925	32.378	17.351	49.729
1926	42.638	17.147	59.785
1927	66.766	13.873	80.639
1928	57.765	3.857	61.622
1929	38.980	3.405	42.385[29]

Además de estas estadísticas es probable que unos 100.00 entraron ilegalmente cada año después de 1924.[30] Estos no cumplían con los requisitos mandados en 1924: un estipendio de $10,00 para obtener una visa del consulado norteamericano, un impuesto de $8,00 por cada persona, una prueba de alfabetismo y un examen médico.[31] La falta de dinero y de una educación formal, probablemente, habría prohibido la entrada de muchos mexicanos a los Estados Unidos. Esos individuos que ayudaban con la entrada ilegal se llamaban coyotes y existían en números grandes.

Según el Secretario de Relaciones Extranjeras de México se calcula que hasta 1930 el número de emigrantes legales e ilegales era como un octavo de la población mexicana. Entonces, a causa de la depresión que empezó en 1929 en los Estados Unidos, de 300.000 a 400.000 mexicanos regresaron a México.[32]

INTRODUCCION

La construcción de ferrocarriles, tanto en México como en los Estados Unidos, sirvió de estímulo para la emigración de los mexicanos y después llegó a ser el medio de ganarse la vida para muchos de ellos. A medida que los ferrocarriles avanzaron hacia el norte más allá de la altiplanicie central de México, cruzaron los estados de Jalisco, Michoacán, Guanajuato, Zacatecas y Aguascalientes. Esta regiones fértiles estaban bastante pobladas y, naturalmente, funcionaban bajo el sistema de las haciendas. El mexicano ordinario sufría de una aguda pobreza, hambre y largas horas de trabajo sin esperanza de mejorarse.[33] Consecuentemente, de 1880 en adelante, aprovechó la oportunidad de trabajar en el farrocarril para mejorar su situación en la hacienda. Después de 1910, vendrían muchos de los pueblos, también. A eso de 1907, cruzarían en números significativos y continuarían cruzando en grandes números hasta 1930. Los salarios en México antes de la Revolución de 1910 eran tan bajos como 25 centavos diarios.[34] Si uno trabajaba en una hacienda no sólo no recibía dinero sino que terminaba en deuda en la tienda del hacendado.

Algunos fueron al norte de los Estados Unidos a trabajar, pero debido a la proximidad a México y al clima, la mayoría se estableció en el suroeste como se ilustra a continuación:

	1900	1910	1920	1930
ARIZONA	14.171	23.987	61.530	114.173
CALIFORNIA	8.086	33.694	88.881	368.013
COLORADO	274	2.502	11.037	57.676
NUEVO MEXICO	6.649	11.918	20.272	59.340
TEJAS	71.062	125.016	251.827	683.681[35]
KANSAS	71	8.429	13.770	22.500[36]

Ya en los Estados Unidos se dieron cuenta de que la falta de especialización en algún oficio y la ignorancia del idioma inglés los vió obligados a hacer trabajos a mano, por ejemplo, en los campos de producción de verduras, algodón y betabel, y en el ferrocarril.[37] En Kansas, trabajaron, también, en las minas de sal y en las plantas empacadoras de carne. A causa de que los emigrantes mexicanos eran de un origan tan pobre, estaban dispuestos a trabajar por salarios más bajos que los trabajadores angloamericanos y los que los empleaban se aprovechaban de esto. La primera generación de los americanos de origen mexicano empezó su existencia en Kansas tanto como en todos los otros estados en el nivel más bajo de la escala socio-económica.

La mayor parte de los mexicanos que vinieron a Kansas se introdujeron por medio del ferrocarril.[38] Los agentes de empleo, contratistas o "renganchistas," como los llamaban los mexicanos, encontraban a los emigrantes, legales o ilegales, en pueblos fronterizos como El Paso y Laredo, Tejas, y hacían los trámites para que ellos trabajaran en fincas, ranchos, industria o el ferrocarril. Después de cierto tiempo, las compañias comisarias empezaron a suministrar trabajadores y mercancías a los ferrocarriles. Los que suministraron trajajadores a los ferrocarriles de Atchison, Topeka y Santa Fe fueron las compañías de Holmes Supply y Hamlin Supply.

Al principio los mexicanos trabajaron, principalmente, como parte de un grupo de obreros que eran cambiados a varios lugares siguiendo la vía del ferrocarril donde era necesario hacer reparaciones. Más tarde muchos de ellos llegaron a ser trabajadores de'sección y se establecieron permanentemente en Kansas. Depués de 1910, un gran número de mexicanos trabajaron en la producción de betabel en los alrededores de Garden City, en las minas de sal en Hamilton, Lyons, y Kanopolis, y en las plantas empacadoras de carne en Wichita y Kansas City. No fue sino hasta después de la Segunda Guerra Mundial que empezaron a tener otra clase de ocupaciones.

Como se indicó antes, la distribución de los mexicanos en Kansas fue determinada por los ferrocarriles y que la mayoría trabajó con ellos. Por eso, se hallan los barrios principales en los puntos de división del ferrocarril y en los terminales de los ramales. Kansas City,

Wichita, Topeka, Wellington, Dodge City, Garden City y Newton tuvieron barrios mexicanos desde el principio. Aunque los ferrocarriles, Rock Island y M.K.T., tuvieron importancia en el empleo de los mexicanos, el Santa Fe tuvo la mayor importancia. En 1928, por ejemplo, había 14.300 empleados trabajando por esta compañía.[39]

    El trabajo en el ferrocarril era temporal, generalmente de febrero o marzo a octubre, y más o menos lo mismo en el trabajo de betabel. El trabajo en las minas de sal era de todo el año, pero era peligroso. Las industrias empacadoras, probablemente, ofrecían los mejores salarios y el trabajo más continuo, pero estaban limitadas a unas cuantas cuidades. Aunque la primera generación de emigrantes se había mejorado económicamente, todavía eran muy pobres. En el empleo con el Santa Fe en Kansas no supieron discriminación, ya que sus salarios eran iguales a los de los anglos. Entre 1920 y 1929 los trabajadores de una sección del ferrocarril recibían $2,20 por día y en 1930 sus salarios variaban entre $2,80 y $3,25 por día.[40]

    El Santa Fe era, especialmente, el favorito de los emigrantes mexicanos por la justica de su escala de salarios y por otras razones. Empezando con el emblema oficial del ferrocarril, un círculo con una barra vertical atravesada por una horizontal, parecía una cruz, un buen augurio para emigrantes profundamente religiosos. Y el augurio resultó ser válido. El Santa Fe rehusó desocupar a sus obreros mexicanos cuando el gobernador Reed se lo solicitó en 1930, durante el peor período de la depresión.[41]

    Muchos emigrantes no eran ciudadanos norteamericanos, y la justificación, con respecto al empleo, era proteger en primer lugar a los ciudadanos de los Estados Unidos y en segundo lugar a los extranjeros. Miles fueron devueltos a México por tren. El 1º de junio de 1921, el primer tren con 800 mexicanos de la región de Kansas City salió de Kansas City, Missouri, para México. La Chamber of Commerce de Kansas City y el gobierno mexicano compartieron el gasto de $30,000. Dos trenes más con mexicanos de Kansas City y Topeka siguieron.[42] Además salieron trenes de Chicago, Illinois, Los Angeles, California, de varias ciudades de Tejas y de otros estados. El programa de repatriación se efectuó desde mayo hasta octubre. En octubre de 1921, el gobierno mexicano afirmó que había repatriado a 50.000 de sus nacionales.[43]

    Varios grupos de iglesias y unas organizaciones de caridad hicieron lo que podían para los que se quedaron. La Misión Mexicana Metodista, establecida en 1921, era un ejemplo sobresaliente. Trabajó para los mexicanos en el distrito de Argentine en Kansas City, Kansas, hasta 1951. Sirvió como intermediario entre las agencias de salud y bienestar social y diversas agencias de socorro y la población de americanos de ascendencia mexicana.[44] Los de ascendencia mexicana se ayudaban los unos a los otros, especialmente por sus organizaciones de ayuda recíproca. Al final de la decena de 1920 se aumentaron las oficinas consulares de la embajada mexicana en los Estados Unidos y sus oficiales ayudaron mucho con respeto a los derechos civiles de los mexicanos.[45]

    Después de la gran depresión de octubre de 1929, cesó la imigración, y la repatriación comenzó seriamente. En 1931 el volumen de repatriación forzada y voluntaria alcanzó su punto más alto; para 1935 tantos como 500.000 trabajadores — a eso de una mitad de los que estaban en los Estados Unidos — pudieran haber vuelto a México.[46]

    La primera generación de emigrantes mexicanos sufrió muchas formas de discriminación social y económica. No se asimilaron a la cultura dominante por varias razones. Se apegaban a su propia lenguaje y costumbres. Vivían aparte del pueblo a lo largo de la vía del ferrocarril en carros de ferrocarril abandonados o en viviendas para secciones proveídas por el ferrocarril. Los niños, si iban a la escuela, no continuaban para poder ayudar a la familia a ganarse la vida. Aún la iglesia católica en Emporia, Florence, Newton y Wichita demandó que los mexicanos se sentaran en bancos separados.[47] Tenían un acceso muy limitado a lugares de recreo y no podían entrar en cafés y restaurantes anglos en ninguna ciudad. En breve, ho había contacto social entre los grupos de mexicanos y anglos hasta la Segunda Guerra Mundial.

Debida a su enorme influencia, la iglesia católica merece ser mencionada especialmente.

Cortés, por supuesto, introdujo la fe católica en México y casi inmediatamente la nueva religión fue aceptada por los indios quienes tenían una profunda inclinación al misticismo. La conversión fue sumamente rápida. Los convertidos recientes, a menudo, combinaban algunos de los ritos de su religión previa con los del catolicismo y no se preocupaban mucho sobre la doctrina. Pronto cada pueblito tenía su iglesia y su santo patrón. Tannenbaum cree que la identificación de los indios y sus amos españoles como criaturas del mismo Dios preservó la fe de los indios en sí mismos después de la brutal conquista. Ciertamente, en el período inicial, la iglesia, por medio de hombres como Bartolomé de las Casas, Fray Juan de Zumárraga, y Sebastián Ramírez de Fuenleal, vino a ser la única protectora y amiga de los indios.[48]

A medida que la iglesia se extendió de las ciudades a las aldeas empezó un desarrollo diferente. Las dificultades políticas que procedieron entre la iglesia y el gobierno vinieron a afectar principalmente a los clérigos y a las congregaciones en las ciudades. Las aldeas nunca tuvieron que cerrar sus iglesias, frecuentemente continuaron sin sacerdote y desarrollaron muchas creencias religiosas en una forma pacífica. Fue esta fe lo que hizo posible que el padre Hidalgo con su bandera de la Virgen de Guadalupe, levantara casi sin esfuerzo su numeroso ejército en la revolución de 1810. Las haciendas también tenían sus propias iglesias para el uso de los trabajadores rurales.

Pero, la primera generación de americanos de ascendencia mexicana no encontró una iglesia católica esperándolos con los brazos abiertos. En Newton, hasta que se construyó la iglesia de Nuestra Señora de Guadalupe en 1919, el bautizo de los niños, lo mismo que otros sacramentos se administraba en la casa por el cura de la iglesia de St. Mary.[49] Si los recién llegados asistían a un servicio religioso, frecuentemente sufrían segregación. En Emporia el sótano de la iglesia del Sagrado Corazón fue renovado y tenían allí misa para los de ascendencia mexicana dos veces al mes.[50] Para 1923, sin embargo, se había donado suficiente dinero para construir una capilla provisional para los de ascendencia mexicana en Emporia. Los sacerdotes católicos de varios órdenes servían como misioneros en los pequeños barrios o en los campos de trabajo aislados a lo largo de la vía del ferrocarril. Entre 1914 y 1929 doce parroquias para los de origen mexicano fueron establecidas en Kansas y se construyeron iglesias en cada una.

La iglesia continuó siendo el centro más poderoso y la fuerza más cohesiva en la colonia de americanos de ascendencia mexicana. Era un refugio religioso y social en un ambiente extraño y frecuentemente hostil. En la iglesia los emigrantes podían usar su propio idioma español, llevar trajes tradicionales, celebrar la independencia de México y servir comida tradicional. La iglesia también perpetuó la separación de los de ascendencia mexicana y sus vecinos anglos. Tal resultado fue desafortunado. Pero el tiempo, las segundas y terceras generaciones, la Segunda Guerra Mundial y el progreso hacia un cierto espíritu de entendimiento han contribuido a que se haya comenzado a cerrar la brecha.

Los de origen mexicano de Kansas se encuentran, actualmente, en todas las profesiones. Son médicos, abogados, maestros, enfermeras, etc. Han entrado en la arena de la política y han servido como alcaldes, y miembros de comisiones del gobierno estatal y federal. Su rica herencia lingüística y cultural ha contribuido al progreso de Kansas. El bilingualismo y multiculturalismo es, hoy, una realidad en muchas escuelas de Kansas y será aún más en el futuro.

Es, por lo tanto, con orgullo y humildad que presentamos estas memorias para mañana de nuestros vecinos de ascendencia mexicana cuyas raíces provienen de tantos lugares como Jalisco, Chihuahua, Michoacán, Guanajuato, Coahuila, Durango, San Luis Potosi y el Distrito Federal.

Reconocemos con gratitud las contribuciones de nuestros informantes. Agradecemos que nos recibieron en sus hogares — donde, frecuentemente, entramos como desconocidos y salimos como amigos — y que nos permitieron relatar estos narrativos. Es nuestra esperanza que los recuerdos de estas bellas personas, la mayoría quienes vinieron a los Estados Unidos principalmente en los primeros años de este siglo, sirvan como una historia viva para la juventud de hoy; los adultos del futuro.

Queremos también expresar nuestra gratitud a las siguientes personas quienes nos dieron ánimo y ayuda en esta labor: Belén Olson, Kathy de Jesús, Lorraine de Colón, Teresa Brooke, Alicia Opheim, Pablo Llamas, Magdalena C. de Moya, Begoña Serrador, Jane Mollett, Merced Aguilera, Bureau of Graduate Research — Kansas State University, el padre Michael Garraby, el padre William Carr, el padre Francis Cox, el padre Charles Steimel, el padre Ignatius Manzo, y el obispo David M. Maloney.

REVOLUTIONARY DAYS

THE POOR OF 1910

My parents were working people and also people of honor. They taught me to show respect to those older than I.

The civil war of 1910 was a sad period for the poor. They died of hunger and the rich showed no pity for anyone; not even for the babies. People paid no attention to clothing; they covered themselves with whatever they had.

The war came to an end, but the poverty did not. People continued to die from illnesses. The rich had doctors but the poor only had the hope of receiving help from God.

DAVID JARAMILLO
Wellington, Kansas

THE REVOLUTION

When the Villistas, the Carranzistas, or the Maderistas came to a town, some acted like bastards. Since many of them were from the lower class, there was no order. If they wanted a woman, they carried her off by force. When they entered a town they demanded money, women, horses, and pistols.

They allowed the poor people to go into the shops and take whatever they wanted — clothing, corn, or anything else. Many indeed took what they wanted. Later the government men came and said that they had to hand over what they had robbed. By then the revolutionaries had left.

Many took revenge on neighbors whom they didn't like. They were accused and killed. There wasn't anything like a court. They made their own justice. Therefore, every family had its own hole in the ground where they kept their valuables.

MIGUEL GARIBAY
Manhattan, Kansas

A GIFT OF LITERACY

In those times there were no schools. Nevertheless, on the hacienda where I grew up, I had the great opportunity of learning to read and write my name. A fine person who was somewhat educated, helped those of us who wanted to learn. The payment that he received from us was about ten cents a week.

Even now when I am sixty-seven years old I have no words to show my gratitude to that splendid man. Teaching me to sign my name was for me a great achievement.

I would even dare say that ninety-eight percent of the population did not know how to read or write during the dictatorship of Don Porfirio Diaz. It was not convenient for him, because he knew that when people learned about laws and could express their ideas and ask for their rights, he would be forced to give up the presidency of Mexico. And so it was. People were tired of those times.

SOTERO H. SORIA
Wellington, Kansas

MY FATHER AND SOME REVOLUTIONARIES

At the time of the Revolution my father owned a shop and a bar. He would go to Irapuato to buy his wares. Back then, there were no trucks, or if there were, they were few in number. Therefore, they used to go in a small stagecoach which ran from Cueramaro to Irapuato.

On the way there, they were held up by two men; they were probably either revolutionaries or scoundrels. Then all who wanted to get money the easy way said that they were revolutionaries, but they were only bandits. They attacked the small stagecoach in order to rob its passengers.

They asked my father his name. When he replied that it was Antonio Garibay, they reacted violently.

"He is one of those who shot at us from the church tower," they said. "Let's hang him."

(My father had a younger brother who went up into the tower to protect the town from the bandits. Since the bandits thought that many people were awaiting them, they fled.)

Right away they carried my father to a tree. They took off his shoes and all his clothing except his shorts.

My father asked them who their leader was. It was a man who was a tailor. Since my father was also a tailor, he knew him. He insisted that they take him to see their leader. Finally they did.

"How are you doing, Antonio? " the leader greeted him.

"Well, they are going to kill me," he answered.

"Why? "

When the leader learned the details of the situation, he told his men to free my father and give him back his clothing. He arrived back home with everything but his shoes. One of the bandits had gone off with them. What a close call he had!

2

Life was very hard. It wasn't worth much.

MIGUEL GARIBAY
Manhattan, Kansas

THE MADERISTAS, THE VILLISTAS AND I

In approximately 1910, the revolution led by Madero began in northern Mexico and spread toward the south.

I and others were working the fields reaping wheat when we saw a whirlwind approaching from the north. When it neared, we noted that it was two men on horseback, who were followed by some five hundred infantry. Many of the latter had no arms. Some did carry machetes and others carbines. They went on by.

In the afternoon, when I returned home, I asked my grandfather, "Why didn't some of those soldiers have weapons? "

"They are prepared to get them from one who has fallen and died."

Later, it turned out that Madero formed a new government against the dictatorship of Porfirio Diaz. This didn't bother us boys because we knew nothing about politics; only what was happening on the hacienda of La Caja.

About 1915, the Villistas came. They arrived on horseback, well-behaved and dressed quite well, with some Texans who said they were part of the Northern Division. They killed the cows that they found wandering free on the mountain to give food to the people but the people refused. They were afraid that the landlord would find out about it later and punish them as was done in so many places. But our landlord had gone away and we never saw him again.

One day, while I was on my way to the hacienda, two Villistas approached me and one of them said to me: "Boy, where are you going? "

"I'm going to the hacienda, sir."

"Climb up, I'll give you a ride."

"Fine."

"Aren't you afraid? "

"No, sir."

He seized me and pulled me up. He was a good-looking man. When we arrived at the hacienda, my grandmother was there. She scolded me because she thought he might have carried me off.

I told her, "Listen, dear little grandmother, this man is a good man. He didn't tell me to go with him or anything. The only thing he said to me was that he would give me a ride, and here I am."

"Don't worry, Madame," said the Villista. "I am not going to carry him off."

"Thank you very much."

JOSE MIRANDA
Chanute, Kansas

VILLA'S GENEROSITY

Each month we went to Villa's ranch for supplies. Villa gave us a small packet containing a kilo each of beans, sugar, and corn. These were the necessities for life. My aunt always sent me there because she was ashamed to go. I was the oldest in the family, so I went with my sack. I brought back the supplies and returned for more, so that we would have enough for the whole month.

BARBARA HERNANDEZ
Newton, Kansas

THE CAMP FOLLOWERS

My uncle campaigned with Villa; it was he who managed the machine gun.

On top of the carts, rode the women camp followers, bearing arms, making tortillas and performing many other necessary tasks. They passed by the ranch where my grandmother lived and she saw them. They stopped at ranches to obtain more corn and whatever else was needed. It was given to them as a gift, not sold to them.

BARBARA HERNANDEZ
Newton, Kansas

THE DEFENSE OF THE ZARAGOZA RANCH

My grandfather used to tell me about the era of the revolutionaries in Mexico. There was a group of them that attacked ranches from time to time.

The people on the Zaragoza ranch didn't want to let them come there because they knew that the revolutionaries would carry off the young girls, the mares, and all the good horses they could find.

My grandfather was the one in charge and he said to the ranch hands, "Now, boys, we have no arms (on the whole ranch there were only two shotguns) with which to fight, but those men will not enter here. If they get on this ranch, we will never forget it."

The ranch was at the foot of a hill and its north side faced the Lerma River, which at that time, was very deep.

My grandfather said to one of the men who had a shotgun:

"You, station yourself at the entrance with the shotgun. When the guards enter, close the gate with a chain. When they are halfway into the ranch,

4

shoot. That will be the countersign for the man on the other side to fasten the exit gate. I, then, will blow a horn. When I blow it, you all use your slingshots and your clubs and we'll see what happens to those intruders."

Also, on the side facing the hill, along the road, were fences. He ordered them to string wire from one fence to the other.

Thus it was that when the revolutionaries heard the shot, they tried to escape but couldn't. There they stayed, and the people threw rocks at them. They even knocked the captain from his horse with rocks. A few drowned when they tried to cross the river.

Later, when years had passed, I heard an uncle of my mother say, "Ay! I'm never returning to that Zaragoza Ranch."

And no one ever attacked that ranch again.

JIM MARTINEZ
Hutchinson, Kansas

MY GRANDMOTHER'S COURAGE

Because her mother was dead, my grandmother as a young married woman, was in charge of caring for her younger sisters.

In those days there were many revolutionary bands roaming the country: the Dorados, the Carranzistas, the Villistas, the Colorados, and Federales.

There was always someone posted as a lookout. When the revolutionists arrived, those at the ranch were warned: "Be careful! Here come strangers."

One of my grandmother's sisters was now a young lady of sixteen. It was well known that these men took everything: food, animals, and young women. The latter, they threw on horses and carried off. My grandmother, to protect her sister, thrust a *chunde* (a large wicker basket) over her and sat on it. They could not budge her from it. There she stayed until the revolutionists left and, in that way, probably saved the life of her sister.

ELSIE GONZALEZ
Newton, Kansas

THE DISGUISE THAT FAILED

Two men rode up very rapidly to the ranch and asked for a change of clothing. My grandmother gave them some clothes of my grandfather and they changed into them. When their pursuers arrived, they found only two men with babies in their arms, one of whom was my father. They hoped that they would not be recognized, but they were. The two men were taken away and killed near the railroad tracks in front of the house.

ELSIE GONZALEZ
Newton, Kansas

BENITO CANALES

Benito Canales was one of the first who rebelled against Porfirio Díaz in our region. The brother of my sister-in-law was Canales' second lieutenant.

He fell in love with a woman of Armanitas. Once when he went to see her, the government found out about it and surrounded the house where he was.

Since Benito was armed, he began to fight the soldiers. The captain was hidden behind a large and fat mesquite but when he looked out, a ball passed by his head. He ordered some soldiers to get closer in order to see how they could enter the house. Benito allowed them to approach the house; then he yanked them in to get their ammunition.

The government then took advantage of a priest who was a friend of Benito.

"Friend, give yourself up," the priest said to him.

"Look, father, I know that they are going to kill me. I'll surrender. They are going to shoot me. I am tired of killing so many."

The priest went out with him. The soldiers came up. They took him to the hacienda of Zurumuato where the top general was.

"You are Benito Canales, aren't you? "

"Yes, general."

"A real brave man! "

"No, general. It is just that I can't stand the injustice that is happening to my people."

"Stupid fool! "

In spite of the fact that he was tied up, he managed to strike the general.

Right away the soldiers stretched him out alive in the center of the hacienda where there were some large porticos. They wanted everyone to see him. Later they killed him. An order from the capital arrived which said not to kill him, but those devils wouldn't wait for it and they had already murdered him.

Don Perciliano, the man who would become my father-in-law, was walking along when they took Benito to one side of the cemetery to shoot him. He told me that he drew near and that when he saw Benito, they recognized each other and greeted each other. The soldiers were going to blindfold him but Benito protested.

They shot. He didn't fall.

Another shot. He still didn't fall.

They went to investigate and found that he carried an image of the Virgin of Guadalupe and a holy wafer in a small sack. They removed them, shot him again, and this time he fell.

GREGORIO MUJICA
Garden City, Kansas

PANCHO VILLA, THE CARRANZISTAS AND I

My father was an official of the Villista government. About 1914, my father told me that he was going to take me to meet one of the greatest men of the Mexican Revolution, Pancho Villa. He would pass through Irapuato on his way to Mexico City.

When the day came, my father took me to the railroad station. I had the pleasure and the honor of meeting that great man of the Mexican Revolution.

General Villa picked me up and gave me a peso. I learned later that it was his custom to give pesos or clothing to people who greeted him.

In my opinion, Pancho Villa was a good-hearted man. But, he could be bad-hearted to those who tried to cross him. I believe that the Villista government did us no harm.

The ones who were really abusive were those of the government of Carranza. When they came to the houses of the peons, they availed themselves of everything. They sacked and robbed the little we had. They took the corn and wheat and threw it on the ground to feed their horses.

My mother and I were often threatened by death because when they looked for my father and didn't find him at home they became very angry. Several times we looked straight into the barrels of 30-30s and Mausers. In reality the barrels of such rifles are very small. But, to me, when I looked at the holes in the barrels of the rifles, they seemed large enough for me to hide in.

The experiences of that revolution were not pleasurable. We can only say that frequently it was God alone who saved us from the frightening tactics of the Carranzistas.

CHENCHO ALFARO
Hutchinson, Kansas

FAITH

THE BROTHERHOOD OF THE SANCTUARY

In the state of Michoacan there were groups of men and women who set out on foot along the mountainside to the sanctuary. There were some spiritual exercises that the women did as they prayed and sang hymns of praise. They performed penances; one of them was to scourge themselves. They did so in a strange way. With ropes, they lashed themselves on their arms and backs. Each one flagellated herself, thus doing penance for the sins they would commit in the future. After awhile they finished and, walking along the road, they left to return to their homes.

JUANITA SILVA
Manhattan, Kansas

PILGRIMS AND STONES

Another pilgrimage was to visit the Basilica of Our Lady of San Juan de los Lagos, the famous and miraculous Virgin of the State of Jalisco.

People went on the pilgrimage to fulfill the vows made to the Virgin when they had first petitioned her. If the Virgin complied with their petitions, they returned to the church to pay their obligations. Some entered on their knees to visit her. They brought her candles or flowers.

At times the trip on foot was so arduous that often the people tired and refused to continue. And that decision boded ill for those who made it because they were turned into stones. It was said that the rocks found on the road were large ones.

JUANITA SILVA
Manhattan, Kansas

OUR LORD OF MERCY

Our Lord of Mercy is in a very large church in Michoacan. It is made by hand and is very beautiful. One enters the church on his knees and goes up to Our Lord of Mercy. I have paid my obligations there for things which I have requested for my family, the sick, etc.

I strongly believe in doing this, because what I have asked for has been granted me.

BARBARA HERNANDEZ
Newton, Kansas

A PLEA ANSWERED

A miracle happened to a sick boy whom they did not believe would recover. He had something similar to water on the brain. They took him to the doctor, and the doctor said that he could not help.

It was a nephew of mine, and his parents promised a saint that if he would relieve the boy, they would go visit him.

Two or three years passed, Now the boy was older and cured. His parents went and carried out their promise to the saint.

BARBARA HERNANDEZ
Newton, Kansas

THE VIRGIN OF REFUGIO

The fourth of July is the day for the fiesta of the Virgin of Refugio. It is celebrated with fireworks and detonations and is quite a fiesta. They place her on a palanquin and have a procession. Many follow her, some on their knees.

When it does not rain, they take her out and form a procession. Everyone sings and prays so that it will rain. And it rains.

JOSEFINA AGUILERA
Garden City, Kansas

CURE FOR A FRIGHTENED CHILD

If a child is frightened for any reason, two people should pick him up, one holding his feet and the other his head. At midnight they should pray over the child and make the sign of the cross. After saying the Credo and six Our Fathers the fear will be alleviated.

ELSIE GONZALEZ
Newton, Kansas

THE HOLY CHILD OF PEYOTES

In Villa Union, there is a very small and humble church where the Holy Child Jesus of Peyotes is venerated. This Child does not appear in the Bible but all of northern Mexico is devoted to Him and has great faith in Him.

A war broke out in Villa Union between the poor, who were the reds, and the rich, the greens. The greens conquered the reds. The ten or twelve reds who were left stood in the front lines, waiting to be killed.

No one knew why, but the greens turned in fear. Some minutes passed and the men knelt down believing that God had spared them.

Then there appeared a child so handsome and so beautifully dressed that all were incredulous. Several took photographs and thus arose the belief in the Holy Child of Peyotes.

He is so renowned and beloved in that town that a church was constructed for Him.

He has performed numerous miracles and Mexicans from all parts of the country have come to that church to pay their vows.

If one has someone ill in his family, whether it be from an ailment of a leg or a head, one goes and requests the Holy Child of Peyotes to restore his health, and one buys a gold or silver leg. That money is used for the upkeep of the church. One does not pay whatever has been promised until the ill person is well again. Their faith is such that the Child now has three humble rooms full of solid gold and silver heads, legs and little bodies. It is a beautiful sight.

All those who were born in Villa Union received a letter asking for donations for the reconstruction of the church because it was falling down. Realizing the gravity of the situation, the government promised to give three times that collected from the people.

The old and humble church will be preserved as a memory of the poor people who won that battle against the rich.

The Holy Child of Peyotes is so venerable in Coahuila that during the summer dog days, the forty days when there is a great lack of water, the Holy Child is taken around to the ranches and rosaries and masses are said. We have gone to the ranches to pray and returned soaked because a large cloud appeared and it rained. With this great faith no one fears dog days. The Holy Child is taken out and the thirst for water is quenched.

MARIA L. CARDENAS DE JUAREZ
McPherson, Kansas

THE VIRGIN OF SAN JUAN DE LOS LAGOS

When my grandmother was a child, this Virgin appeared in the form of a small rock. One saw nothing more than an imprint of a face on it.

People rolled the rock until it came to a spot where it stopped and could be pushed no farther. The rock grew and grew. The fact that it could no longer be moved was a sign that the Virgin wanted a chapel built there. And so, today, there is a church on the ranch called San Juan de los Lagos.

ELSIE GONZALEZ
Newton, Kansas

THE ARRIVAL OF THE PRIEST

There was another fiesta which recalled the time when there was no priest on the ranch. (My grandparents and my mother told me about those years.)

Once a priest on horseback was going from Cuiseo, Guanajuato, to Penjamo. The Church was sending him to a post there.

At a river he got down to water his horse. A woman appeared and said to him, " I say, where are you going? "

"I am going to Penjamo. They sent me from Cuiseo."

"Why aren't you on your way to Zurumuato? They have no priest there."

The ranch where we lived was called Zurumuato.

"How can I go there if I am on my way to Penjamo? "

"Go to the parish of Zurumuato."

The priest was astounded and said, "But why are you ordering me there? "

"I'm not, but they do need you a great deal. Penjamo has priests. There they don't."

At that moment the priest thought to himself that he would go see if that were the truth.

He went. When he came to the cemetery of the church, the woman disappeared. He opened the church's door and the Virgin appeared on the altar.

It is said that the priest asked God what it was all about.

So it is that the arrival of the priest is celebrated on the eighth of December when the fiesta of the Virgin of the Immaculate Conception is also celebrated.

GREGORIO MUJICA
Garden City, Kansas

THE HAND

Once there was a little boy who, when his mother suckled him, hit her again and again. Because he was such a little boy, his mother did not restrain his hand.

When the boy died, he was much bigger. But although he was dead, he still could not rest in peace. His family was frightened because when they went to his grave to visit him, they saw his hand sticking out of the ground.

They went in search of the priest. When he saw the hand he seized a stick. As he beat on it with the stick, he prayed that the soul's suffering would cease. When he stopped, the soul was at peace. The priest also went to the child's cradle in order to exorcise any remnants of the torment which had previously resided there.

(Parents use this tale as a moral for their children.)

FELICIA SANTOS SILVA
Manhattan, Kansas

A PARABLE

When I was a young fellow, my godfather, Father Carraso, told me a story about a very religious priest who usually spent his nights praying to the Lord.

One night he asked God to point out to him a person who was condemned to hell. It is said that he heard the voice of God replying, "All right, go down two blocks, turn to the left, and the first man you meet will be one condemned to hell."

The priest went out walking and met a drunk who was blaspheming and uttering oaths. The priest approached him and said, "Don't you know what you are doing?"

"Why, Fahter?"

"You are doomed. You are going to hell."

With that the drunk looked at him and said, "If God wishes it, so be it."

The priest returned home. Several days passed. Then, while he was praying, he told God that now that He had shown him someone condemned to hell, He should also show him someone who was saved and would go to heaven. Because He agreed with him, God answered, "Now leave here, and the first person you meet will be one who is saved and will go to heaven."

As the priest was walking along, he met the same man whom he had encountered previously. When he saw him, he doubted God's word. He returned to his church and began to pray.

"Why did you say that that man was condemned and now you say that the very same man is saved?" he asked God.

"The fact is that you don't understand me," said God. "When you told him that he was condemned, he told you that I knew what I was doing, and he accepted it. So, in that very moment he saved himself and now he is saved."

EUGENIO LAVENANT
Newton, Kansas

THE EVIL EYE

This belief has to do with cute, little children. When there is a caller who admires the child, the guest must pick it up. If he doesn't do so, the child can fall ill with a high fever and be unable to speak.

The parents, if they know the remedy, take an egg and pray with it while passing it over the child's body. They make crosses, pray, and place a cross of palm which has been blessed in a saucer of water. After they have prayed, the egg is put into the water. If the child has been sick because of the evil eye, on the next day, the egg will be cooked as if it had been boiled. The child will then be well.

MARIA L. CARDENAS DE JUAREZ
McPherson, Kansas

CALMING THE STORM

When there was a storm, my grandmother used to say, "Come, come bring a knife to cut the cloud."

We stopped what we were doing and blessed the storm. "In the name of the Father, of the Son, and of the Holy Ghost, the Bessed Trinity, and Jesus, Mary, and Joseph, free us from this storm."

And the storm abated. But the one who had to do it must not be a sinner. So, when we were very young, we were the ones chosen.

Once, there was a furious storm and my uncle, who was still very young, took off his sandal, blessed the cloud with it, threw his sandal into the air, and the storm calmed down.

MARIA PEREZ RIVAS
McPherson, Kansas

APPARITIONS

MY GRANDMOTHER'S PLAYMATE

My grandmother recalls that a little boy, dressed in white and surrounded by a white light, used to appear in a house where they lived. He sat in the kitchen among the dishes and sang and laughed with her.

She, because she was so young and innocent, thought nothing about it and had a fine time playing with him. However, just as he used to appear, he also disappeared through the walls.

ELSIE GONZALEZ
Newton, Kansas

THE GHOST AND THE MONEY

A man went to live on a ranch that had an abundance of fertile land. One day, while he was cultivating the soil, he found a pot of money. He picked it up and took it home.

A few days later, he began to feel that something was squeezing him at night. At first he asked his wife if it were she. She denied it and so they went back to sleep.

This went on for several months. He bagan to lose weight, and each day he felt worse.

Finally his wife went to the priest and said: "Goodness, Father, I just don't know what to do. My husband is becoming thinner and thinner because a ghost comes and presses down upon him. It appears in the guise of a man.

The priest told her to tell him all that her husband had done.

"Well, he was walking over his lands tilling the soil and he found a pot of money."

The priest then went to the ranch and looked at the pot of money. After the man had made his confession, the priest asked him: "You know, don't you, that someone buried that money there? Whoever it was doesn't want you to have it. That money is for a member of the family of the one who buried it. He wants someone else to have it. So you must rebury the money in the same spot where you found it. Later you will have to leave the ranch.

The man did as he was told, and then returned to the ranch for a few days. The ghost disappeared forever. The couple left the ranch and the man recovered his health.

BARBARA HERNANDEZ
Newton, Kansas

A LOST OPPORTUNITY

During the Revolution when we lived in Chihuahua, my grandmother and other relatives came to our house.

My father and I went to bed on the floor near the door so that we might get some air, since the house had no windows.

Then all night long, we heard sounds like dragging chains. The ghost seemed to want to seize us. My father drove it off with his shoes, and my grandfather, meanwhile, cursed it for all his worth.

I recall that it was a handsome-looking ghost who went to the kitchen and entered it. Naturally, I was afraid to go into the kitchen.

We stayed there until my father spoke to my aunt. He told her, "I don't know what to do about that ghost."

She replied that when the ghost appeared again, he should seize it and pray.

A few days later it came again (it didn't show up every night); my father grabbed it and prayed and prayed. From that moment on, we only heard its chains as it was passing through, but we no longer saw it.

When we left the ranch, another family moved in. They were there only a few days when, at the foot of the bed, they found a box of money and brought it out. Now I recall that whenever I got down from the bed there was a hollow sound.

My aunt said that the ghost had been the spirit that wanted us to discover some money. But my father was afraid and when he began to pray, the ghost left us alone.

BARBARA HERNANDEZ
Newton, Kansas

A VOICE FROM BEYOND THE GRAVE

When the mother of a friend of mine died, she and her brother went to live with their father's mother.

The grandmother had a terrible disposition. Since she had her own business, she spent the night making the candy that she sold.

One night, when the little boy couldn't sleep because he was afraid of his dark room, his grandmother said to him, "You must go to bed because I'll be going to bed very late and I don't want you to stay here."

The child went off crying. The grandmother told him that if he didn't stop crying she was going to give him a sound spanking. The child continued to sob.

In a little while, he stopped crying and began to laugh. The grandmother decided to find out what he was playing with in that dark room. When she entered, she saw a celestial light.

The boy said to her, "Go do your work because my mama is here with me."

The grandmother was afraid. She didn't see the mother but she did see some kind of unnatural light. She embraced the child who continued to seem happy.

Crying and shouting, she picked up the youngster and ran from her house to that of a neighbor and told her what had happened.

Then they called the priest who said, "It is quite possible that this child did see his mother and the light was an indication to you to treat your grandchildren better."

The lady changed so much, as a result of this experience, that she dedicated herself thereafter to charitable works for she believed that God had given her that sign. Some years later, she died a happy person.

MARIA L. CARDENAS DE JUAREZ
McPherson, Kansas

A LEGEND OF THE WEEPING WOMAN

There was once an evil prosititute who gave birth to some children. Because she felt no love for them, she threw them into the river.

Finally the time came for her to die. Now it is said that she cannot gain the pardon of God until she gathers together again those whom she threw into the river. She has never done so; therefore, she has not received God's pardon and, grieving, wanders throughout the world.

They say that she walks in sorrow wherever there are rivers. She is constantly sobbing. She wants to retrieve the souls of the children that she threw into the river to drown. She weeps ceaselessly, but because not all people hear her, she can go wherever she wants.

FELICIA SANTOS SILVA
Manhattan, Kansas

THE WEEPING WOMAN OF IRAPUATO

In Irapuato, Guanajuato, the city of strawberries, on the street of Santa Ana near the Soledad Church is a house that has a sign in front of it which says "This is the house of the weeping woman."

It so happened that this woman had a child who fell in a well. The woman was so upset that she began to scream. Wailing, she went in search of the priest of Soledad. The priest accompanied her back and tried to soothe her. Finally, she fainted.

They said that the story of the weeping woman comes from this story. *(Others tell it in a different fashion. Thus each one of us has a different version of the tale of the weeping woman.)*

JOSE MIRANDA
Chanute, Kansas

THE WEEPING WOMAN ON THE ZARAGOZA RANCH

The Lerma River flowed through the Zaragoza Ranch where I was born. We used to wait on the river banks for the animals that came down to drink the water.

On one occasion we heard weeping. We recalled what had been told us and although we knew they were only stories, we were afraid. We asked why she was crying and why they called her the weeping woman. This version that I am going to tell is what we were told.

The weeping woman was a lady who, each time that she gave birth, took the child to the river and drowned it.

Finally she went to the priest and confessed.

The priest said to her, "My daughter, your penance is that the next time you bear a child you must rear it until it is five years old and calls you 'mama.'"

So she did. When the child reached five years of age it died. Because she loved the child very much and felt great remorse, she died also. Now she wanders forever over the hillside and along the river weeping and looking for her child.

The incredible thing was that when the dogs heard this weeping, they began to howl and put their tails between their legs. When we saw them like that, we thought there was something supernatural happening.

JIM MARTINEZ
Hutchinson, Kansas

ENCOUNTERS
WITH THE DEVIL

THE DISOBEDIENT GIRL

There was once a young girl who disobeyed her mother. She wanted to go to a dance. She requested permission but when her mother refused it, she went anyway.

Off she went, setting out on foot along the road. Soon she met an old man. He asked her where she was going. She answered that she was on her way to a dance. He told her not to continue. "Why?" she asked.

The old man replied, "It will not turn out well for you."

She responded, "Why? Why not? My mother told me not to go, but there is even less reason to pay attention to you."

She kept on walking. Soon she met another man but he was quite different. He wasn't old but rather attractive. In reality, it was the Devil.

He also asked her where she was going and warned her that now it was going to go badly for her. He scratched her all over her face and arms and left her bloody and frightened.

Of course, the young girl didn't go to the dance. She returned home and told her mother what had happened to her. Her mother said, "Well, daughter, it was the Devil. He alone was the one who stopped you and scratched you." *(Parents used to tell this story to their children to stress the importance of obedience.)*

FELICIA SANTOS SILVA
Manhattan, Kansas

THE DEVIL AND MY UNCLE

I had a drunkard uncle who spent all his time in the saloons. My aunt told him that he ought not to drink.

One day he went to a saloon. There he met a very handsome man who said to him, "It's about time for the saloon to close. But, don't worry. I know where there is a much better one. Just climb up on my horse."

Since my uncle liked his beer, he answered, "Okay, let's go." He mounted the horse and so did the gentleman. It is said that they swiftly sped away.

When dawn was breaking and the cocks were starting to crow, the Devil threw my uncle to the ground and left him there all covered with scratches. It was the Devil who had abducted him. As you know, when day breaks, the Devil must disappear. Thus, as soon as the cocks crowed, he ran away.

They found my uncle there all stretched out on the road. Passersby carried him to his house.

BARBARA HERNANDEZ
Newton, Kansas

AN ENCOUNTER WITH THE DEVIL

One afternoon, a man went to town to chat with his friends, to watch the young girls, and to drink.

When it was time to return home, as he was walking along the road, he was attacked and knocked down by a very large dog with extremely ugly eyes. Instead of praying, he began to curse. But the dog did not withdraw. Then the man said, "I believe that you must be the Devil since you won't leave me alone." The man prayed and the dog disappeared.

Next he saw a woman dressed in white and he tried to catch up with her. As the woman walked, she grew smaller. The more she walked, the smaller she grew. When she had gone a long way, she was very small indeed. He reached out to seize her and she disappeared. She, too, was the Devil.

It is said that the man got up from the ground, made it to the door of his house, and, there, fell in a faint. They carried him, still unconscious, into the house.

BARBARA HERNANDEZ
Newton, Kansas

GOD, THE VIRGIN AND THE DEVIL

There was once a man so poor that he had little to eat. His wife gave him some tacos so that he could walk along the road to see what he could find.

As he was walking he met a gentleman who said to him, "Oh! I am starving and you aren't giving me a thing. Won't you give me a taco? "

"Who are you? "

"I am God."

"No, I won't give you anything, because you have given me nothing."

The man continued walking and next met a little old woman. "Who are you? " he asked.

"I am the Virgin. Won't you give me a taco? I am very hungry."

"No," he said, "because you haven't helped me."

He kept on walking and came upon a very skinny man.

"And you, who are you? " he asked.

"Oh, I am the Devil. Won't you give me a taco? I'm starving to death."
"Yes, of course. You haven't given me a thing but you certainly carry us off."

BARBARA HERNANDEZ
Newton, Kansas

MORE DIABOLICAL THAN THE DEVIL

Once there was a very poor man who wanted money. One day he met the Devil who said to him, "I'll give you all the money you wish. But you will have to pay for it later. I will come for you in four years."

The man returned home with the large amount of money that the Devil had given him and said to his wife, "Look, old woman, we are really rich now."

He believed that the years would pass slowly but the contrary was only too true. The Devil appeared, according to the terms of their pact, and said, "I have come for you."

"Heavens, old woman, what are we going to do? The Devil is going to take me with him."

"Don't worry," she said to him. "Tell him that if he can't guess what animal you have here in the house, then he can't take you. You will win."

The man went and spoke to the Devil. "All right, I'll go with you if first you can solve this riddle."

"That's no problem. I am the Devil. I know everything. Indeed I can solve it. Come along."

Then the wife went into a very dark room. She took off her clothing and let down her long hair. Next she crouched down on all fours like an animal.

When the Devil appeared, he couldn't surmise what type of animal she might be.

BARBARA HERNANDEZ
Newton, Kansas

THE CAVE OF THE BELL

My cousin and I used to go hunting on the hill. The old-timers say that a lot of treasure is there because the government pursued the bandits along the hill road, and that is where they buried their money.

They say that there is a lot of money in the Cave of the Bell. Of those who have entered it, few have succeeded in penetrating its innermost recesses. But those who have say that there are some goatskins filled with money and that they have heard a voice saying to them, "Everything or nothing."

One man who had entered with several others waited until his companions had left and then stuffed as much as he could within his shirt. When he got to the entrance, it was closed, and he couldn't get out. He recalled the voice which had said, "Everything or nothing," so he emptied out all that he had and was able to leave.

Many people have heard the tale of a goat that bleats from deep within the cave. When the goatherds hear it and go to see if it is a goat that has gone astray and they come to the Cave of the Bell, they know that it is not a goat but something else. They believe that it is the devil.

Once when my cousin and I were walking on the hill with an uncle, I heard the goat bleating. At first I thought it was only my imagination, but when my cousin told me that he too had heard it, we were both afraid.

"Uncle Pedro, did you hear it? "

"Ah! Don't pay any attention."

He kept on walking. We finally returned to the ranch, but we were still frightened.

On that ranch people continue to believe these tales.

JIM MARTINEZ
Hutchinson, Kansas

A PACT WITH THE DEVIL

There was a poor man who had a wife, a five month old child, and a dog. Each afternoon, when he returned home, the dog would come out to meet him.

Fed up with his poverty, he decided to seek the devil's aid so that he could better support himself.

"If I help you get all that you want," the devil said to him, "you must give me the first thing that comes out to meet you when you return home in the afternoon."

Immediately he agreed, because he knew that the only thing at home that came out to greet him was the dog.

"Sign the paper," said the devil, "and I will let you know when I want my payment."

When the man returned to his hut that afternoon, it was his little son who greeted him first. That very day he had begun to crawl.

He was very sad because he remembered his pact with the devil. He asked God to pardon him for what he had done. An at the same time, he decided to leave the matter in God's hands.

Many years passed. The child was educated and thought about studying to become a priest.

One day the devil appeared before him and said, "You can't be a priest because you belong to me."

The young man was not frightened by the devil but he was surprised by what he had said. That night he talked with his father about it, and his father, weeping, told him the whole story.

On the following day, the young man made his confession to a priest of the church. He needed his advice to find out how he could take from the devil the paper that his father had signed.

The priest said, "The only thing you can do is go to hell and ask for the paper."

The young man took off over the mountains and through the gorges in search of hell. The first person he met was a hermit.

The young man asked the hermit, "Do you know where hell is? "

"No, my son, I am very old and feeble. In short, I can't move nor do anything. The angels of heaven descend to feed me but I don't know where hell is."

The youth continued walking until he came upon a man on horseback.

The horseman said, "Hello. Who are you? "

The youth explained the situation to him.

This man, whose name was Silva, was a thief and a murderer.

"Young man," he said, "I want to know what they are saying down there about the thief, Silva. Tell me when you return."

For many days, the youth kept walking.

Finally he encountered a man dressed in a cape and who carried a staff garlanded with flowers.

"What are you doing here in these mountains, my child? "

He told him all about the pact with the devil and that he was searching for hell. He knew that he was speaking to Saint Joseph.

"Take this staff," Saint Joseph said to him, "and when you get to hell, don't knock with your hand; rather, use this staff that I am giving to you."

At last, he came to some dark and ugly mountains. Fire erupted from a cave. He shivered just watching it.

"Who lives here? " he shouted twice.

No one answered. Then he remembered the staff Saint Joseph had given him. He gave the door two blows with it. A man, dressed in red, with a tail and two horns appeared.

"Do not beat on my house because it frightens my family."

Truly, each time that the youth struck the door with the staff, the entire cave shook.

"Is this hell? " asked the young man.

"Yes, and I am Lucifer. What are you looking for? You don't belong here."

The youth told him that his father had made an agreement with one of the devils without knowing that the devil had deceived him.

"I want you to return that pact to me. If you do not, I shall beat on the cave again with this staff."

"No, no. Come right in. I know which of my devils it was."

He than called Satan and said to him, "Give this young man the pact that his father signed years ago."

I don't know anything about such a pact," answered Satan.

Lucifer knew very well that Satan was lying and told the other devils to throw him in a well of hot water. It was so hot that it was boiling. They did so.

He completely disappeared, but then returned. Next, they threw him in a well of lead so hot that it was molten. Satan disappeared again. When he returned to his original state, he continued his denial of any knowledge of the pact. Then Lucifer told the other devils to put Satan in the bed of the thief, Silva.

"No, no," shouted Satan when he heard this, "don't put me in that bed! I'll hand the pact to the young man."

"Young man," Lucifer said, "go along and don't return. Satan will not bother you again.

On his way home, he came upon Silva who asked, "What did they say about me in hell?"

The youth told him that the devil had not wanted to give him the agreement in spite of the wells, but when they threatened to put him in the thief's bed, he had given it back at once.

When Silva heard these words, his eyes filled with tears, he knelt, and mentally asked God to pardon him for all the wrongs he had done and the deaths that he had caused. The young man heard celestial music. He knew then that God had pardoned and saved Silva, the thief.

After walking for some time, he met the hermit who wanted to know how everything had gone on his trip.

He explained to him every detail of his visit to hell, and about Satan and Silva. The youth told the hermit that he was certain God had pardoned the thief because he had repented.

"If Silva, a thief, goes to heaven, then I, who am fed by the heavenly angels, have even more right there."

At that moment, a whirlwind dipped down and carried off the hermit. All that remained was a very strong odor of sulfur. The hermit, because he had praised himself, was to end up in the bed of the thief, Silva.

MANUEL MUÑOZ
Topeka, Kansas

THE DEVIL AND SAINT PETER

Saint Peter and the devil made an agreement about a fence that divided heaven from hell.

If the fence were to fall down, the one on whose side it fell would have to repair it.

When it collapsed on hell's side, Saint Peter asked the devil, "Aren't you going to repair the fence?"

"No, I don't want to."

"But that part belongs to you."

"What are you going to do to me? Sue me? You can't because I have all the lawyers here."

MANUEL MUÑOZ
Topeka, Kansas

WITCHCRAFT

CATCHING A WITCH

My grandmother told us that there were witches who went wherever there were little girls and sucked their blood.

Once another boy and I were out working, taking care of a man's animals, when there came such a downpour that we couldn't even get home. We took refuge on top of some rocks.

It continued to rain when suddenly there appeared a light bobbing along among the clouds. Then Juan, my companion, asked, "Do you want to see that witch?"

I said that I didn't believe what my grandmother had told me. But Juan responded by saying that indeed he did believe the words of his grandmother about witches and that he knew a prayer that would make this one draw near us.

Now Juan wore a sash some five or six feet long wrapped around his waist. He started to pray and each time that he came to a certain point in the prayer, he tied a knot in the sash. The light came closer and closer. He kept on praying and when he had finished tying knots in the sash, the witch was standing next to us. She had wings that looked as if they were tied to her hands. She begged Juan to let her go. But he wouldn't and he asked her, "Why do you roam around at these hours of the night and in such a storm?"

She replied, "Please let me go."

Finally, he began to pray again and, as he did, he untied the knots in his sash. As soon as the last one was loosened, he said, "I am going to release you now."

He went off and I followed right after him. He threw the witch into the river. The strong current carried her along but she, in some way or other, saved herself, and got to the other side. After coming out of the river, she rose from the ground and flew away.

This is the story of what I saw with my own eyes when I was a boy of ten in Cueramaro, Guanajuato, Mexico.

SABINO MARTINEZ ARRAYO
Manhattan, Kansas

THE SCORNED WOMAN AND THE FIG

My aunt was going to marry a young man who had lived with another woman for three years without the benefit of clergy. The woman, very sad because she did not wish to remain alone, said that she would not allow them to marry.

One morning, a very ripe fig appeared on my aunt's window and she ate it. Six hours later she felt very depressed and tried to kill herself. She picked up some scissors and thrust them into her stomach. They carried her to the doctor and she told him that she wanted to die.

Because my grandfather was wealthy he took her on a trip to Mexico City, Torreon and Monterrey, but her sadness was not alleviated.

When they returned, her fiancé was waiting, for he still wanted to marry her. They made all the arrangements.

It was four days before the wedding when my aunt suddenly got up and threw herself into a *noria,* a well with pure water. It took six hours to get her out of it.

The doctors told her that she would never walk again because she had cut a nerve in her spine.

Six hours after the operation, my aunt announced that she felt very contented and that she wanted to live. So it was that she lived quite happily although she couldn't walk.

One day the mistress of my aunt's fiancé told some friends in a restaurant that she was responsible for the cancelled wedding.

When my aunt learned this, she asked the woman to call on her, for she wanted to ask her what she had done. My aunt recalled that, in spite of the fact that she had loved her fiancé a great deal, she had tried to kill herself. She wondered why she was so eager to live now even though she couldn't enjoy a normal life.

The woman said to her, "Some hairs of mine were in that fig and they made you want to kill yourself."

"But why am I happy now?"

"Because I know that now you aren't going to be able to live with my lover."

My aunt died a happy woman in her wheelchair.

MARIA PEREZ RIVAS
McPherson, Kansas

THE BEWITCHING OF MY UNCLE AND GRANDMOTHER

They used to tell about my Uncle Anicacio who was ill because of an enormous stomach. It was said that a close friend had brought him a piece of bread that had caused him all this grief.

My uncle had three operations. Each time his stomach grew larger.

Finally they decided to take him to a *curandero*, one who practices medicine without formal medical training. The curandero said that he himself was going to die for he feared that someone would seize him and kill him.

To get to the curandero's house all the relatives had to pass by a cemetery at night. The curandero wanted them to pray there.

At the home of the curandero, in the middle of a large parlor, the curan-

33

dero made a fire from charcoal and oil. He made my uncle, with his huge stomach, jump over the lighted charcoal. It was difficult, but with the curandero's help, he did it. It seemed as if a bird was trying to get in through the doors and windows. While my uncle jumped over the charcoal, everyone else prayed. The lights went out and all were frightened because they kept hearing noises.

The man who was doing the curing looked as if he were choking. Now it was not my uncle who was the ailing one but the curandero. My uncle got well and the curandero died.

My grandmother was also bewitched. She liked to have a little nip in the morning before lunch. Once she met a lady on the street who asked, "Where are you going, Ines?"

"I'm going to buy coffee and I'm looking for some wood. I still haven't had my morning pick-me-up. (That's what they call the little drink that one has in the morning.)

"Come on, I have some wood here and I'll give you your little pick-me-up."

She took out a bottle with a drop or two of liquor in it. When my grandmother asked her what it was, she replied that it was just anise and that she should drink it all. However, my grandmother only took a sip.

Before that day my grandmother had been in perfect health, except for her painful feet. She was constantly on her feet, working, cooking and baking bread.

Later she began to feel ill. Welts arose on her stomach, and her hands and feet were abnormally twisted. She spent almost all day long asleep.

Gypsies arrived and one said to her, "They have made you sick."

"Can you cure me?" asked my grandmother.

"Certainly. Give me a cloth."

He grabbed the clean cloth from my grandmother and put an egg in it. One could see the clean yolk. He clasped the cloth by its corners and blessed her.

Then the gypsy and my grandmother felt like they were choking. The gypsy said, "I'm going to give you three blows on the head. Then, spit."

She spat and the gypsy folded the cloth again and once more blessed her. When he opened the cloth, there was no longer a yolk but a lock of hair. The gypsy said that someone had wanted to take away her will.

My grandmother recovered her health and she paid the curandero two hens and three pesos.

MARIA PEREZ RIVAS
McPherson, Kansas

SORCERY

About 1913, in San Roque, Guanajuato, this incident happened to two sons of my aunt.

Her first son, when he was one, was sucked by a witch and died.

The second son was Angel. My grandmother took my brother, Ramon, a cousin of ours called Juan, and myself to protect Angel.

There was a belief that witches would not enter a house where there was

34

someone named Juan.

I remember that night very well. We were all sleeping on the floor, the protectors with my aunt and uncle and Angel. My grandmother began to scream. She tried to awaken my cousin, Juan, shouting that an old woman had carried off the child. Juan did not wake up but my brother and I, full of fear, did. My grandmother found the child, covered with bruises, near the door. In a few days, he died.

There was no cure for children whose blood was sucked by witches.

In this case, I only recall that I saw a reflection of a very brilliant light that dazzled my sight.

CHENCHO ALFARO
Hutchinson, Kansas

MY NEPHEW AND THE WITCHES

It is not good to believe in witches but, indeed, they exist.

One of my sisters had a five year old boy who cried a lot every night. They took him to the doctor but he could find nothing wrong.

We heard a lot of different noises on the roof of the house.

One night my sister and her husband were sound asleep because they had lost a lot of sleep while caring for the child.

The next morning my sister said to her husband, "Do you hear the child? Perhaps he is still asleep because I haven't heard him crying."

She got up and found him dead. At once they went and told the owner of the ranch what had happened. Right away he called the doctor. The doctor examined the boy but said that he couldn't discover the cause of his fatal illness.

There were many bruises on the body as if someone had bitten him. Another strange thing is that there was no blood in the body. It seemed as if someone had sucked it all out.

Later, some people who knew about witches told us that witches had killed the boy.

TEOFILA ALONZA
Hutchinson, Kansas

MY GREAT - GRANDFATHER AND THE OWL

According to my father, someone was determined to bewitch my great-grandfather. One night, when he was sitting out on his patio, an owl began to hoot. It also defiled and cursed the name of my great-grandfather.

He went into the house and got a shotgun with one shell. When this owl sullied his name, he shot towards the voice in the branches of the mesquite where the owl was jumping from one branch to another.

He injured the owl that was having such a good time. The next day he learned something very strange. A neighbor had been wounded by a bullet.

They followed the track of blood from the mesquite, where my great-grandfather had fired his shotgun, to the house where the wounded man was.

According to the story of my father, the owl died.

CHENCHO ALFARO
Hutchinson, Kansas

FOLK TALES

GOOD JOHN AND CRAZY JOHN

Good John and Crazy John were two orphaned brothers. Their only relative was their grandmother.

Good John took charge of his grandmother because she was very old. He also told his brother to care for her.

One day Good John left Crazy John alone with the little old lady. He told him that if she should wish to bathe, he should help her to heat the water. Crazy John put on the water, not just until it was warm, but until it boiled. Well, the little grandmother burned herself up. He caused her death because of his mental instability.

Good John returned and found her burned and dead. They buried her and thus were without a grandmother.

Later on, the two decided to go away. They had a tiny pig (*puerca*) that they were going to take with them. Good John told Crazy John to go get it. Well, the fellow understood door (*puerta*) instead of pig (*puerca*) and so he pulled off the door. He pulled off the door and was struggling to move it when Good John saw him. "Good heavens!" he said. "I told you pig (*puerca*), not door (*puerta*)."

FELICIA SANTOS SILVA
Manhattan, Kansas

A JOKE

One day the students of my school took the Holy Child of Peyotes from ranch to ranch. At each ranch we stopped and prayed, and, in return the people gave us candies and soft drinks.

That night there was a dreadful storm. Many people and cattle were killed. Of course, we were frightened.

The next day, a group of practical jokers at the cantina said, "Let's go get the statue of the Virgin Mary so she can see what the Holy Child of Peyotes did."

MARIA L. CARDENAS DE JUAREZ
McPherson, Kansas

THE ADVENTURES OF MR. AND MRS. PEANUT

There was a very astute Mexican peanut who went to the United States in search of work to provide for his peanut wife, their three children, and the fourth that was on the way.

"I am going north because they say that there is a lot of money there and that besides the money doubles — they give two for one."

"Fine, old man. I hope everything turns out well for you," the lady peanut said to him, "but be very careful with those American girls, because they are very fond of love-making."

"Okay, old woman, don't you worry. You know I'm very old and I'm not going to fall into that trap."

"Then God help you and may you earn a lot of money."

The man peanut came to Juarez and crossed the frontier into El Paso. He saw men wearing overcoats and he decided to dress as they did. He took off his poncho and bought an overcoat. He tore it, made a hole in it, put it on, and stuck his hands out of it.

When he could not get a job, he went to a straw boss who told him to go to Detroit where there was a lot of work.

He got lost and arrived in New York. He didn't find anywhere to stay until he saw a sign which said: **"ROOMS, 25 cents."**

He went in and told the man in charge of the office that he wanted a room.

"Okay, but we only have one room way back, far from the public toilets."

"But, for 25 cents?"

"Yes, for 25 cents."

In the room, he found a small bed full of papers where he went to sleep. In the morning, when he awoke, although he looked, he couldn't find the toilet. He decided to do what was absolutely necessary in his sock. He did. He opened the window to throw it out without noting the hole in the big toe of the sock. He turned so it could be tossed out quickly and what happened was that he left a mark all around the room.

When the chambermaid saw the room, she called the owner who exclaimed:

"How could this fellow do this painting of the room? Why don't you run after him so he can tell us how he did it, because it is very interesting. We can then paint the rest of the rooms and they will be very attractive."

The maid left but she couldn't find him.

On the way back to Mexico, he almost was put into the penitentiary at Leavenworth, but he finally got back to El Paso.

Doña Cacahueta, believing that he would bring back a lot of pesos, was waiting for him in Mexico. Don Cacahueta arrived but he brought only lice.

"Listen, old woman, do you know that I found nothing to do. But now I have come for you and we are all going to go."

"But, Don Cacahuate, the boy has smallpox and they won't let us cross the border."

"Come now, old woman, we'll sneak in."

They crossed the border.

"Well, Don Cacahuate, now what are we going to do here? The straw boss

39

says that there is no work."

"You'll see. Let me go look around in the streets."

He left and when he finally returned, his wife asked him, "Okay, what did you find?"

"Nothing at all."

"How come you found nothing at all?"

"They put me in jail."

"Ah! You're no good for anything. Let me go look around now."

"Go along, go along, old woman. I'll stay here with the kids."

Doña Cacahuate was walking along the street when she saw a five dollar bill. She picked it up and took it with her.

"Look, Don Cacahuate, look what I found."

"What did you find, old woman?"

"A five dollar bill."

"Ah! How did you find it?"

"With my face staring up into the sky. How do you think I found it?"

"What an old woman! You're really annoying me!"

JOSE MIRANDA
Chanute, Kansas

THE TALE OF THE TURTLE

They say that many years ago there were those who understood the languages of animals — of the birds, the burros, the owls, the cows, the goats, the turtles, the fish.

Once upon a time there was a weary man who yearned to rest a while, so he went to the shores of a dam and sat down next to the water. Since he understood all animal languages, he realized that a group of water animals, including among others the fish and the worms, had a very serious problem.

The water animals drew near to the bank. Then the birds arrived, as did the animals who came to drink water such as the burros and the cows. All of them were there.

Because this man understood them, he enjoyed their discussion.

Some of them said, "Do you know that the turtle is doing a great deal of harm? Formerly, we were many here; now we aren't. Let's bring the turtle to trial. Judges must be chosen."

They chose a fish, a bird, a burro, and a cow.

"All right, what do you all think?"

"Hmmm, something has to be done because the turtle is killing or eating many 'people.'"

The man, because he understood them, was very content just listening to them.

"What do you propose?" asked one.

Another answered, "I propose we chop off his head."

The turtle said, "What a great idea! I can hide my head in its shell."

So they discarded that idea.

"I propose," said someone else, "that we cut him into little pieces."

The turtle knew that his shell was so hard that knives could not pierce it.

A new suggestion was made. "I propose that we throw him into the fire and burn him up."

"The fire can't get into my shell and I always have water for extinguising flames," responded the turtle.

Somebody exclaimed, "How ridiculous!   He really is intelligent!   No wonder he is destroying all the 'people' here."

Another animal came forth and proposed, "Now I know what must be done. Let's throw him into the water."

The turtle cried out, "Because you are ingrates, you're throwing me into the water to drown."

They tossed him in and immediately the turtle stuck out his head and said, "How nice of you all to throw me into the water!   Thanks so much!"

SOTERO H. SORIA
Wellington, Kansas

THE TREE

Who is man's best friend?

Some say that it is the dog. Others disagree, saying that it is the burro because he helps to carry loads and is used as a truck or cart for many things.

There are those who suggest that it is the hen because she lays eggs, but there are also those who favor the rooster for he awakens us in the morning with his songs.

None of the aforementioned is it.

Then who, who is man's best friend?

Man's best friend is the tree.

The tree?

Indeed, yes.

Why?

It is very simple. When one is born, the bed in which one is placed after birth is made from the tree. From the tree comes the table for eating and the chair for sitting. All kinds of farming tools are made from the tree. The tree holds back the earth and aids in bringing the rain. In some places where the woods have been felled, the lack of trees causes a scarcity of rain. The tree also serves as a source of energy. It is used in stoves for cooking and for heating the home. Its ashes are fertilizer for certain plants such as the nopal. Finally, when one dies, the coffin which accompanies him, comes from the tree.

Therefore, man's best friend from his birth to his tomb is the tree.

SOTERO H. SORIA
Wellington, Kansas

THE BALD MAN'S INGENUITY

A man who went to town with a lot of money was afraid that they would rob him. He entered a store and told the storekeeper that he didn't want to lose his money.

The owner said, "Leave it here. It will be safe."

He gave it to him and said that tomorrow he would return for his money.

On the following day, he went back to the store and the man refused to give it to him.

"Sir, he said, "give me my money."

"What money? I don't have any money of yours."

"Indeed you do. I left it here yesterday."

"How can you prove it?"

The owner of the money visited a lawyer, but the lawyer told him he could do nothing without proof. The only thing the lawyer could do was advise him to go to mass on Sunday, note the baldest man there, and tell him his problem.

When he left mass, he spoke to a man without a hair on his head and told him his trouble.

"I am not a lawyer," the bald man said.

"Well, I have seen a lawyer. I'm ashamed to say it but he told me to go to mass in search of a bald man and you are the baldest one I have seen. I will pay you."

"All right," said the bald man. "Tomorrow I will go to the store with you, but let me enter first. As soon as I am inside, wait a bit, then come in and ask for your money. The owner will give it to you."

"He will give it to me?"

"Yes, indeed."

The next day, the bald man entered the store and told the owner that he had a problem. He had a large sum of money with him and he didn't know where to leave it. The owner assured him that he could leave it there.

At that moment, the other man walked in and requested his money.

The shop owner said, "Here. Here is your money."

As soon as the man went out with his money, the owner said to the bald man, "Now the money you were going to leave here?"

"What money? I was only dreaming that I had a lot of money."

MANUEL MUÑOZ
Topeka, Kansas

THE ORPHAN AND THE BABY CHICKENS

There was once a very good and industrious orphan who lived with her grandmother. Although the child took care of all the chickens and did the chores, her grandmother was very hard on her.

42

One day the grandmother heard the child laughing and went out to see what she was doing. She was catching chicks, cutting off their heads, putting their heads on one side and their bodies on the other.

The grandmother said, "What are you doing, you naughty girl? Are you killing the chickens?"

"No, grandmother, this is a new game."

Then she picked up the body of a baby chick, put its head back on, and the chick ran off again. It was just her way of amusing herself.

ANNA L. JUAREZ
McPherson, Kansas

DOUBLE MEANINGS

A drunk was walking along with a bottle of tequila when he saw a priest and a nun approaching.

"Goodness, they are going to grab me. They are going to scold me."

Since there was a tree nearby, he climbed up in it.

So, along came the priest and the nun. The nun said, "Look, here is some shade. Let's wait here a bit."

The priest said, "Fine. What's new?"

"You are going to be a *papa**," the nun said to him.

Thereupon the priest exclaimed: "Heaven help me! How can I bear it?"

"Let the one up above take care of it."

The drunk said: "The devil with all that! I? How can I take care of it? I am broke."

*papa. In Spanish, this word means *father* as well as *pope.*

BARBARA HERNANDEZ
Newton, Kansas

CUSTOMS

THE BEGINNING

The priest of the church asks for the bride's hand. If she accepts, the bride's father requests six months time to prepare her.

The bride does not spend those six months in her father's home. Rather she stays at the home of some friends of hers. And the groom has to go by daily as if she were already his wife and he were supporting her.

On the wedding day, the couple is served a breakfast of chocolate, Mexican bread and some flavorful drinks.

After they are married and a child is born, they seek godparents who will take it to be baptized. The godparents must buy the clothing for the child and then throw a party with a lot of food. At times, if the godfather is well off, he holds a dance also.

When they leave the church, they throw money, which they call "el bolo," to the youngsters who are waiting. They throw it into the air, and the children run to the street to collect it. They shout to the godparents: "The *bolo,* the *bolo,* because if not, the child will fart a lot."

It was also the custom that if the parents died, the godparents had the right to adopt their godchildren; thus, they took the place of the father and mother.

SABINO MARTINEZ ARRAYO
Manhattan, Kansas

A COUNTRY WEDDING

A couple is married by civil law and then by canon law. As they leave the church, they are greeted by their well-wishers who are mounted on horseback.

Once out of town and on the highway, the groom's friends ride on one side of the road and the bride's on the other.

When they arrive at the house, they are gay and enthusiastic. The *mariachis* are already playing. The guests shoot into the air and all are very merry.

There is plenty of food; sometimes they kill a steer or two or three hogs. They have barbecue and different types of stew. The customary meal is turkey with mole, guava soup, rice and beans with corn tortillas. Everything is very tasty.

At times they set the eating tables in the shade of the trees. They don't go into the house. It is very pretty that way.

Although they may not be men of wealth, they are happy. If there are monied men on both sides of the family, the marriage and dancing last two days. The first day, the father of the groom pays for the celebrations; the second day,

46

the father of the bride does so.

SABINO MARTINEZ ARRAYO
Manhattan, Kansas

MY PARENT'S MARRIAGE

My mother told me that she scarcely knew my father when she married him. They met each other at a dance. Since their parents were watching them like hawks, my father gave my mother a letter. She took it home and read it, but considered it of no importance. She thought that my father was more interested in my aunt. In those days, everything was done on the sly, a few letters or a few words exchanged and off they ran.

The day arrived when they asked for her in marriage. My father didn't come but he took advantage of people whom my grandfather respected. In a few days they returned for an answer. My grandfather sent for my mother and asked her if she wanted to get married. She said she did.

MIGUEL GARIBAY
Manhattan, Kansas

THE MEXICAN FAMILY

Usually, Mexican families are large. Now, I can appreciate the skill those parents showed in raising their families, for family unity was of great importance. The parents were very dedicated to their families. At a certain age, they began to inculcate into their children, respect, obedience, and humility.

The father was the supreme authority in the family. When the children began to grow older, the father took charge of the sons and taught them their duties. The mother taught the daughters their domestic tasks. The parents were always concerned that their children be honorable.

After dinner we used to ask permission from our parents to go play with the neighbors. Our games were simple, happy ones.

In one of the games, The Hens and The Coyote, a group of boys and girls held each other by the hand. One, the coyote, tried to grab one of the hens, but the rest of us kicked him so that he wouldn't get her. Finally, the moment arrived in which he grabbed one and carried her off.

Naturally, when they reached a certain age, the sexes were separated. The young women went with young women, and the young men with young men. Fathers and mothers were always very suspicious.

When the children decided to marry, the parents gave them good advice.

For example, the mother always instructed her daughter to be a good wife and to obey her husband. Their mothers tried to make sure that their daughters were dressed decently and modestly at church and at fiestas. In those days, a young lady was never allowed to expose her body. Fathers advised their sons to show respect to the young women.

Then, a young man was not permitted to smoke in the presence of older persons, not even his parents. Also, if, for example, someone older asked for a glass of water, a youth would bring it to him, remove his hat, and wait until the glass was returned to him. Youths avoided using offensive language in front of their elders. These were signs of respect that were transmitted from generation to generation.

My wife and I feel very fortunate that we were brought up as we were.

SOTERO H. SORIA
Wellington, Kansas

THE VANITY OF A PRETTY GIRL

In order to teach us to behave well and to do our chores as we should, my mother told us about a certain pretty girl. She took such pride in her beauty that she didn't learn how to cook, clean the house, or anything. And her parents didn't make her.

When she married, her husband found that he couldn't stand her lack of experience in doing household chores so he took her back to her parents' house. He told them not to return her until she had learned how to behave as a proper housewife.

DOLORES RODRIGUEZ KING
Ulysses, Kansas

THE ELOPEMENT

When my grandfather carried off my grandmother she was only fourteen. Her father was asleep in the kitchen doorway of their two room hut. He didn't believe that anyone could penetrate the adobe walls.

My grandfather, however, dug a hole in the wall; a hole whose size was exactly that of my grandmother. My grandmother said to him, "Refugio, watch out. My father is asleep there and he has a loaded pistol by his hand."

"I also have a pistol," said my grandfather.

But my grandmother didn't want to go with him for she was in love with another young man.

In those days, the houses were protected by high brushwood fences made of branches with thorns. On the other side of one of them was a tree which was quite tall. The young man, whom she thought she loved, used to climb the tree so that he could talk with my grandmother. Also, from there he would throw candy to her.

Now, back to my story: My grandfather was older and more mature than the other suitor so he won her affection and carried her off on a beautiful, white stallion. From the top of a hill they saw her father, down in the valley, holding a lantern and looking for them.

My grandfather was not alone that night because he did not dare elope with her without a chaperone. In order to marry her, and conform to customs, he had to leave her with someone else. Since he was an orphan, he took her to the house of his aunt.

On the following day, his uncle went to speak with my great-grandfather to make arrangements for the marriage. He, angrily, refused and said that she was too young to become a bride.

My grandmother was then placed by her father, in *El Deposito.* It was like a convent, very strict and very religious. There were some retablos, similar to large pictures, painted on the walls. They were so frightening that they made her hair stand on end. The penitents there would lash their backs with three tailed whips until they drew blood.

Six months she stayed there, living the strict life of a nun. This was her punishment for having left home without her father's permission. At the end of that period he agreed to the marriage.

ELSIE GONZALEZ
Newton, Kansas

HOLIDAYS

Holidays were wonderful. For some celebrations the schoolchildren would stand up on the grandstands to give speeches and recite patriotic poems.

Also, in those days, there was a contest in which they used a greased pole. On top of it was a small plank with a shawl on it. In the shawl were candies and other goodies. The idea was to be the first one to climb the pole and grab the gifts.

MIGUEL GARIBAY
Manhattan, Kansas

COUNTRY LIFE

A large group of boys used to get together in the fields. There was corn, mesquite, and pumpkin seeds that we roasted and ate. We also always roasted chickpeas.

49

We used to go there near the hill where there were many edible fruits. On the trees were fruit such as guavas and sapotes. There were several types of prickly pear, the white ones and the gentle ones. There were strawberries and a very tasty herb.

Also, we ate a lot of cane that is used to make sugar. We used to go to the cane fields to help the planters. There was a lot to eat if one offered his services for nothing.

We played many different kinds of games such as *colorín* and marbles.

On the hill where the animals wandered loose, we rode them like cowboys do. Because we were very mischievous with them, now and then they threw us off. We spent the time very happily and had a lot of fun when we weren't working.

SABINO MARTINEZ ARRAYO
Manhattan, Kansas

THE DAY OF THE DEAD

This was a happy day. They made all kinds of bread, candies and skulls. The cemeteries, where the people went for an outing, were decorated. It was not a day for fear; it was a day for celebrations.

MIGUEL GARIBAY
Manhattan, Kansas

THE POSADAS

Where my parents were born, in preparation for Christmas festivities, it was the custom to celebrate the birth of Christ with songs of praise.

My mother told us that, for the Catholic Church in Mexico, those were the days of greatest importance. From among the people of the hacienda on which she lived were chosen the Magi, the angels, the Virgin, and the Christ Child.

During the nights of the Posadas, everyone gathered at the edge of the hacienda and singing, went to the first house. There they asked for lodging but those within replied that they had no room for the Christ Child.

From there they proceeded, still singing their songs of praise. Everywhere they stopped, they received the same answer to their request as they had at the first house. Finally they arrived at the place that had been prepared to receive the Christ Child.

In that house, everything was now ready for the celebration.

The parties began before Christmas and continued until January 6th. Each night there were dances, food and songs.

When he came to Garden City, my father's uncle organized Posadas there. For several years they continued to celebrate them as they had in Mexico.

DOLORES RODRIGUEZ KING
Ulysses, Kansas

AN ASPECT OF HOLY WEEK

During Holy Week on certain days one could do certain things. For example, on Holy Thursday one couldn't wash clothing, iron, or play the radio. We used to go to church. On Good Friday, meat could not be eaten, so dishes of dried shrimp, fish, lentils, and bread puddings were served. We spent our free time sewing or embroidering. It was a week of great solemnity.

JOSEFINA GARIBAY
Manhattan, Kansas

HOLY WEEK

The death of the Lord was not celebrated with a dance. The people chose a man to play Jesus. First, they put him in a type of jail. Then the procession began in the square. He walked along bearing a cross. He wore a crown of thorns. Three times he fell, just as Jesus had done. Others helped him. The hour of his death approached and, some penitents, followed by the Virgin Mary, carried him into the church. The church was lit all night long and the penitents never left him alone. They watched in shifts until it was the hour of the Resurrection.

GREGORIO MUJICA
Garden City, Kansas

THE POWER OF HERBS

My grandmother, who was by now an old woman, treated others. I used to bring her plants that grew on the hills: hyssop, savin, terebinth, rhubarb, aloes.
In the town where I was born and raised, there was no doctor. She ministered to people who were bruised or hurt with herbal medicines. She served as a doctor, although she had no formal training, to women about to give birth. She did this very well for there were some women with five or six children who never complained of having suffered any after effects.

She knew many medicines. She said that God taught her to recognize herbs that could help others.

SABINO MARTINEZ ARRAYO
Manhattan, Kansas

THE CROSS OF SALT

My mother-in-law was from Michoacan and her belief came from her grandparents. Whenever there was a storm one prayed the Magnificat, and made a cross of salt in the direction of the storm. The belief in the cross of salt is so strong that even here, I never saw a tornado and I was never afraid as long as I had a cross of salt. Our children have continued this tradition.

MARIA L. CARDENAS DE JUAREZ
McPherson, Kansas

THE LADY AND THE SPIDER

In Villa Union, Coahuila, there was a lady with eight children. Since her husband was in the United States, a man wanted to become friendly with her but she refused.

He said, "You're going to be sorry."

Two days later the lady became totally paralyzed. The doctor said that she had suffered an embolism. Several doctors were consulted and all were of the opinion that her case was hopeless. For five days she didn't speak or even move a muscle.

Since she had no money, the people decided to help her. They took her to another town where there was a very good hospital. But the doctors there said that there was nothing they could do; that only a miracle of God could save her.

A neighbor recalled that Juan, the man whose offer of friendship the lady had rejected, had said that she would remember him.

So, everyone believed that they would not find anyone who could cure her. But she was such a fine person that they decided to go along with a man who promised to make her well for five hundred pesos. And the curandero said that he need not be paid until she was all right. The judge, my father, although he did not believe in such things, agreed.

The curandero announced that the cure would take place within three days. No one saw how he did it, but on the second day, she was moving a little. On the third day, she opened her eyes and said, "Have my children eaten now?"

The curandero stated that the man who had caused her illness had put a spider on her heart, and that he, the curandero, had taken it off.

My father, who, as I said before, never believed in such things, went and

52

spoke to the doctor at the hospital. He decided that it had all been a miracle of God.

MARIA L. CARDENAS DE JUAREZ
McPherson, Kansas

THE HEALER IN JUAREZ

One day a husband carried an apple to his wife and gave her the half of it which was rotten. That night when he brought another woman into the house, his wife was unaware of it.

The wife began to feel ill and they took her to the doctor. He examined her and said that he thought she had a stomach tumor. From then on, her stomach kept increasing in size.

One day, an old woman approached her and said: "Now look, in Juarez there is a woman who can cure you."

My mother, grandmother and I went with the wife to Juarez. How ugly it was there near the river with those straw shacks with their doors made of sacks.

We went by many shacks until we arrived at the healer's. They took the woman in and put her to bed but they made me stay outside. I heard them praying and knew that they were burning something very strong. But who knows what it was? There they were, praying and burning. They spent a rather long time at it. They even had candles and everything.

Finally the healer said that as soon as the wife recovered, the one who had caused her illness would die. No one knew whether the guilty party was the husband or the other woman that he had brought into his home but . . .

After she had recovered, they took her home. We didn't see her again for a year. When we did, she was fine. She no longer had the extended stomach or anything. Indeed, the healer had made her well.

This is just one story about those healers.

BARBARA HERNANDEZ
Newton, Kansas

SLAVERY ON THE HACIENDAS

Porfirio Diaz' government treated us like animals on the haciendas. There were schools for those who were somewhat protected by the rich, but the poor were ignored.

When I was a little boy, I started out earning twelve centavos a day. Some fifty or sixty of us, under a foreman, worked at bundling wheat. We would run with the bundles to throw them in some wagons. When one was fairly well filled, a large man would stoop down and toss the bundle to another man who was on top of the wagon. If the boys weren't fast enough, the foreman beat on their feet. It was a bitter slavery.

I was arrested when I was a boy because I didn't want to work at dreadful jobs that I couldn't do. I was coming from the fields when the boss' shadow, Rafael Andrade, grabbed me and arrested me. For three nights I stayed in jail. The man who later would become my stepfather, came to stay with me after he got off work.

One day I went out and sat in the doorway at the side of a guard.

I heard him exclaim: "There comes the boss, one of the great ones, and now you'll see. He's going to have it out with me."

"Hey, lad, what are you doing there?" the boss asked me.

"Well, sir," the guard answered, "he's a prisoner. We only let him out as far as the door."

"That boy, a prisoner?"

"Yes."

"Who told you to arrest him? "

"Don Rafael brought him"

"Well, let him go home."

They released me.

GREGORIO MUJICA
Garden City, Kansas

A PAINFUL CHILDHOOD

The period of the great landowners was for the poor Mexican people a dreadful one. They worked from dawn to dusk for wages that were not sufficient to feed their families.

I remember that when I was some six or seven years old, they forced us to reap the wheat and put it in the carts drawn by oxen.

The ranch foreman arranged us in groups, and with the whip that he always carried, flogged each of us. He told us that it was to keep us warm. Naturally, it warmed us up. Screaming with pain from the lashes, we jumped and cavorted like goats. How could we help but run to work with such fear?

I would like to forget those times.

SOTERO H. SORIA
Wellington, Kansas

DROVERS ON THE ZARAGOZA RANCH

Another time, my cousin and I, since we were always together, worked as drovers.

At Zaragoza during the dry season, when pasture was scarce, my cousin and I took the animals to feed at Santa Rita until it was time to prepare the soil for the crops.

On that particular occasion, we drove the cattle on foot, without burros. For protection, I carried a thirty-eight pistol with a belt loaded with bullets. My cousin also had a pistol. We were well provided with tortillas, chile, salt and everything.

We came to where we were going to leave the cattle. The owner there had a son younger than we. My cousin and I pretended that we were fighting and we drew out our daggers. The poor boy was shouting and crying to his parents that we were going to kill each other. We stopped playing so as not to frighten the boy more.

On our way back, we were crossing the hill when we came to an open spot where there was a little lake. We drank some water. My cousin kept staring at something in the water.

"Look what's there."

"What is it?"

Well, it was a human skull. We saw may skeletons which had been thrown there. We were terrified and wanted to leave, but it was already late and the coyotes were wandering about. I remembered reading that a fire would keep wild animals away. We made one and realized that the animals were walking around.

I told my cousin: "Do you know that if we should fall asleep, there will be no fire? I think that these animals are all ready to eat human flesh."

Then we climbed a tree and lashed ourselves to it with our sashes. When the fire went out, we saw how the animals were stalking us. We were so afraid that we even forgot that we carried weapons.

At dawn the next day, we got up and started out again. We no longer had any tortillas or food; just a little salt. When we arrived home late that night, we were very sick to our stomachs.

One day my cousin asked an elderly uncle of his why there were so many skeletons in a place that was not a cemetery. He replied, "Why, boys, that hill was where they ambushed some revolutionaries."

JIM MARTINEZ
Hutchinson, Kansas

THE INDIANS' TRICK

My grandparents lived in Mexico in the state of Chihuahua. The Tarahumara Indians lived there in the mountains.

My grandfather liked to tramp around in the mountains. The Indians and he knew each other well and they were good friends. He ate, traveled, and hunted animals with them.

One day an Indian said to him, "Friend, wouldn't you like to share a good meal with us?"

My grandfather replied, "Of course. What are you going to feed me?"

"Chicken."

They then served him pieces of meat on a plate. The meat was cut in very small portions.

My grandfather ate it with pleasure and commented, "My, what tasty chicken!"

When he finished, the Indian burst into laughter and asked, "How did you like the viper?"

My grandfather jumped up because he wanted to run off and spit. He didn't know that they had given him those huge vipers to eat. He started for home very angry and cursing those ingrates.

BARBARA HERNANDEZ
Newton, Kansas

THE CRAZY MAN

My mother is from a very small town where the street lighting was inadequate—especially in those days. So everyone walked in groups because one never knew what might happen.

One night my mother went to the show with her sisters and cousins. There were stories circulating that there was a crazy man in the town; a man who, at times, seemed normal, but who was capable of doing terrible things.

They were walking home somewhat afraid because it was already dark. They saw a man passing by and they asked him if he would accompany them. They didn't want to continue on alone because of the crazy man.

"Of course," he replied.

As they went along the girls chatted about the crazy man, but the man was very quiet and said nothing.

When they arrived home, my grandfather, very worried, was waiting for them. They explained that the man had brought them home. My grandfather thanked him, bid him good night, and closed the door.

"Girls," he said, "do you know what you have done? He was the crazy man."

ANNA L. JUAREZ
McPherson,. Kansas

THE BONE

They found a man dead. An investigation ensued but they never learned who had killed him.

The town buried him. Ten days later, at midnight, a moan or an ugly harsh sound was heard.

Since no one knew the identity of the dead man, who was missing a leg, they supposed that it was his soul searching for his leg.

My father, the town judge, decided that they had to find out who or what it was. If it was the dead man's soul, thay should tell it that they knew nothing about its leg and that it should leave the town in peace.

They spent three days waiting, but they heard no more moaning. But the women were so nervous and upset that they wanted the men to keep on waiting.

Before they went searching for the sound so that they could say that they did not have the leg, my father and the others stopped at the cantina for a few drinks to prepare themselves.

When they finally heard the moaning and saw a ghostly shape, my father became a believer. They followed it straight to the grave and then passed it. The moaning continued in the distance.

There was an Indian hut, a very small house that belonged to a man who took care of cattle. When they saw that the ghostly shape had entered the house, they tried to do so too. The owner came out and asked them what they were looking for.

My father said, "I am the judge and the mayor of the town, Mr. Gregorio Cardenas. We have been following that sound and we want to know what it is."

"Don't be upset," answered the man. "It is my dog. Several days ago he ate a bone and it stuck in his throat. We haven't been able to get it out of him. When he can't stand it any longer, he goes off to town."

MARIA L. CARDENAS DE JUAREZ
McPherson, Kansas

DEATH AND THE EVIL EYE

My aunt had a friend who married the same day as she. Later her son and her friend's daughter played together. One day she watched them bathing and playing.

She went to another town to visit her mother-in-law, and, when she returned the next day, her head, which had been aching when she left, was still paining her.

When she entered the home, they gave her the bad news that the little girl had died. Not even the doctor knew what had been wrong with her.

My aunt said, "I killed her because I watched them play and I didn't pick her up. The child had died at four o'clock and, at that very moment, my aunt's headache had disappeared.

From then on my aunt was very careful when she was with children.

MARIA L. CARDENAS DE JUAREZ
McPherson, Kansas

THE EGG AND THE EYE

There is an illness called "the eye." If a dearly beloved child is sick, the mother must break an egg and place it under the child's bed. The fever will pass from the child to the egg. The next morning one can see the egg cooked in the shape of an eye and the child will have recovered its health.

ELSIE GONZALEZ
Newton, Kansas

THE DRUNK AND THE POLICEMAN

My sister and I once owned a cantina. A customer got drunk. The police arrived, saw that the customer was staggering, seized him, and started to carry him off.
"Where are you taking me?" the drunk asked.
"Come on, let's go."
"Look, chief, fifty cents. Let me pick them up."
"No. What has fallen, leave fallen."
The drunk became very cunning. A bit farther on, he let himself fall down and said, "Don't pick me up, chief. What has fallen, leave fallen."

JOSE MIRANDA
Chanute, Kansas

THE MEANING OF IGNORANCE

I still remember those bygone days in Mexico when ninety-five percent of the people were illiterate.
Once I met a man who was about seventy-five years old. Because I was young, he believed that I knew how to read and write.
We went to a place where there was a very attractive building. There were some large, beautiful letters on it, but we didn't know what they said.
The old man said to me, "Boy, don't you know how to read?"
"No, how about you?"
"I don't either," he replied.
How dreadful!
Just then a well-dressed gentleman passed by.
We asked him, "Sir, what does that writing there mean?"
He responded, "The top part says 'Educational Center.'"
"And the bottom part, what does it say?"

"That ignorance has done more harm than wars and plagues."

We had no idea what that gentleman was telling us.

In the course of time, I again encountered the old man.

"Lad, do you, by chance, remember me and the spot where we last saw each other?"

"Of course I do," I told him.

"Now I know more about, or, rather, I understand better what was written on that building."

"Tell me."

"Okay, pay attention. Since I really wanted a smoke, I was going along the street picking up cigarette butts. When I had enough tobacco, I said to myself,

" 'Now, how am I going to roll the cigarette?' "

So, I started looking for a little piece of paper. I found a fine one, somewhat bluish in color. Then and there, I rolled the cigarette. Well, I was walking along smoking when a man approached and said, "Hey, friend, put out your cigarette." He grabbed it from me. Then he asked, "Why in the world are you smoking that paper? Don't you know that it is a hundred peso note?"

I said I didn't. When he told me that I was an ignorant fellow, I truly learned the meaning of the word 'ignorance.'"

SOTERO H. SORIA
Wellington, Kansas

YESTERDAY
AND
TODAY

THE STEPMOTHER AND THE STEPCHILDREN

The stepmother fed her children all the meat and vegetables and gave her stepchildren only the pure broth that was left.

When people came to visit her, they said, "My! How thin your poor little children are!"

When they saw the stepchildren, they exclaimed, "What fat little tummies they have."

The stepmother, because she felt nothing but ill will for her stepchildren, did not realize that the broth with all its vitamins was the best possible food for them.

She was weakening her own children because the dry meat and vegetables she gave them was what she thought best for them.

ELSIE GONZALEZ
Newton, Kansas

OUR TRIP TO THE UNITED STATES

I left Mexico for the United States on May 17, 1916. We boarded the train in San Francisco. There was my Uncle Vicente, my Aunt Simona, their three children, my sister, Feliciana, my husband and myself, and our child. My parents, who had been in the United States since 1908, had sent us the money for the trip.

Because of a defective track, we went no farther than Aguascalientes. There we waited in the station for a long time.

Although we were all poor, we brought along a large quantity of food which our relatives had provided so that we would have enough to eat. While we were waiting, many children and women approached us, begging. We were forced to give them some of our supplies.

"Don't give them food," said my uncle, "because they will end up with it all, and then nobody will give you anything to eat."

But the women in their shawls, who were just skin and bones, were pitiful to see, so I gave them what I could. Soon we had no more. We had no house nor anywhere else to go. There was a large crowd of people waiting just like we were.

One day my uncle disappeared. I don't know where he went or if he just got lost in Aguascalientes. My aunt cried. We were all frightened becuase this was not our land and we knew no one. Finally, when it was late, he returned.

"Vicente," asked my aunt, "where were you? I was worried about you."

"Well," said he, "they stole my billfold."

Who knows if that was true or not. But, at any rate, he had our papers, our baptismal certificates, everything. And it was all gone.

Finally the train came and everyone ran to get into a coach. We didn't succeed and climbed on to a car. There were people everywhere.

Who knew where we were going. The fact is that we ended up on top of an oil tanker.

Finally, we came to Torreon. We got down with our tattered clothing stained with oil. We stopped there because the railroad track was torn up. Soldiers and other poor people were all around. We had nothing to eat. I was with my baby; my aunt with hers and her two other children. All we could do was cry. Some vendors watched us from their stalls. A few gave us a sip of coffee, a taco, or something. There was a great deal of suffering.

"Well, now," my uncle said. "Do you want to grind some corn? I'll look for it. You can prepare it and we'll make tortillas."

"But how can we grind anything?" I asked. "We don't even have a mortar."

"Ask one of those women if they have one. Let's see if they'll lend it to you."

We went to a stall and asked a woman if she would please lend us a mortar.

"For heaven's sake! You really are bad off! " said the woman.

"Well, we are traveling and we really don't know what to do."

"Here is the mortar. Make your dough and eat. You poor things!"

The babies were crying from hunger. My sister took mine, turned it face down, and walked back and forth with it.

We started to grind the corn but the mortar was too smooth and wouldn't make the mash.

My aunt stopped and went to another stall where they were making tamales. She asked if they had a better mortar.

"Why, of course," answered the lady. "Bring your corn and grind it here."

Then we ate there. We spent the night sleeping in the fields. There were many soldiers about. Because of the noise and because we weren't at home, we didn't sleep well.

"Did you prepare the corn?" my uncle asked the next day when we got up. "Yes."

"Godfather," said my husband, "let's you and I go to a mill and grind the mash. Thus, the women can have more with which to make more dough."

"No way. How in the world can we go there?"

I believe that he was ashamed to go. My husband wasn't because he knew how important it was to struggle for us.

Since my uncle refused to help us, we again ground the corn the best we could and prepared the food.

In the afternoon my uncle returned and announced: "They say that the track is fixed. I believe that we can go now. As soon as the train is formed, it will come and take us. Grind all you have, take the dough, and put it in a cloth."

Everyone was talking about there being a train. They prepared their bags in order to be ready. We all wanted to get into a coach so that we might sit in a chair. Those that won, won; those that didn't—well, once more we were on top of the car.

I carried my baby in my shawl so that it couldn't fall out. My sister sat on one side of me and my husband on the other. We clasped each other very tightly.

From time to time, the train jerked. Suitcases, hats and children went flying from it. The mothers wanted to fall off too, but those who were holding them from above stopped them. How could the babies who fell survive? We cried and prayed.

"Oh, Jesus, Mary and Joseph! May God be with us! "

Our suffering was incredible, but finally we arrived in Kansas.

We were supposed to come into the Deerfield station but we went to Newton instead. My father sent my brother and a boy with a horse and wagon to wait for us in Deerfield. When the train came, but we didn't, they went back home.

At last we got to Deerfield and an old man, who was acquainted with my father and who knew that we were coming, took charge of us. May God bless him!

"Good afternoon, ladies and gentlemen," he greeted us. "Are you Mr. Muñoz' family?"

"Yes. Do you know him?" my uncle answered.

"As well as the back of my hand. The young fellows came to get you but when they didn't find you, they left. I can act for Mr. Muñoz. Follow me."

We accompanied him to a garage. There he spoke to a man in English but who knows what he said. He brought the man over to us. He greeted us and although we didn't understand him, we shook his hand.

"This man," said our father's friend, "is going to take you right to the door of Mr. Muñoz. Don't be afraid and don't worry. He also is aware of your arrival."

May God reward that man. I don't know if my father paid him or not, but he took us straight to the door of the house.

I still remember that car. It had a radiator ornament that changed directions whenever the car did.

I don't know what the man said when he left us at the house, but at last our trip was over.

My mother was in the kitchen washing dishes. My father and the workers, after eating, had returned to the beet fields. The children were playing on a pile of dirt with their tiny cars. They just looked at us.

"Where is your mother?" my uncle asked them.

"Mama," one shouted, "our sisters are here! "

My mother burst out sobbing. She couldn't open the door for us because of her tears. But she came as soon as she could.

"Open the door," I told my sister.

"Not I. You open it."

I didn't want to because I had offended my parents when I had married in Mexico without telling them. I didn't want to be the first to enter because I was afraid.

When my mother opened the door, my sister preceded me. They embraced each other. We all cried and hugged one another.

"Sit down," said my mother. "Your father will be here very soon. He's on his way. My dear children, I have been worried sick about you. Only God knows how you managed to get here without dying of hunger."

"Mama, don't worry. We weren't hungry."

My father came with the workers and all work ceased. They were all happy to see us.

We went to work in the beet fields. My husband lived here only three years. He died of influenza in 1918.

JOSEFINA AGUILERA
Garden City, Kansas

A LONG HARD TRIP

On the twenty-fifth of June, 1916, we left Aguascalientes, Mexico. Our passenger train was stopped and we were told that we couldn't stay in the coaches but had to climb on top of the roofs of the cars. Since it was during the Revolution, soldiers took the coach seats whenever they wanted them.

Many people climbed on top of the train. But, we knew that often little babies and even grown women had fallen off and been killed. My mother was afraid and was determined not to climb up there. It was a bad situation.

Weeping, my mother said, "How am I going to get up there? I just cannot do that."

My father, seeing that my mother was very upset and wouldn't stop crying, asked the conductor, "Sir, will you please let my family get into that flatcar? It has a layer of dirt in it but that makes no difference. Let my family in so they won't fall from up there."

Then we all got onto the flatcar. I was eleven and my brothers were five and sixteen. As soon as they saw us climbing up, the people on top began to climb down. Immediately the flatcar was filled with children and adults—as many as it would hold. We were on that flatcar until we got to Zacatecas.

Along the entire route from Aguascalientes to Zacatecas, we saw the bodies of many men hanging from posts. They moved with the air currents. Some were soldiers of Villa, others were Carranzistas. If the Carranzistas were the first to arrive in a town and found men whom they thought were Villistas, they hung them. The same was true of the Villistas. The sight didn't astound anyone, because we all knew that the revolutionaries killed people wherever they found them. The men looked dreadful with their tongues hanging out, but no one paid any attention because it was the same thing everywhere.

Since the soldiers didn't leave much food for the ordinary people, my mother had brought along a large sack of bread. It was all that we had to eat. The others had nothing—nothing at all. When we got hungry, we asked her for something to eat. She took a cup and filled it because now the fat little loaves were in pieces. As soon as the women and children saw the food, they all began to ask for some too. In a moment the whole sack of bread was gone. From there to El Paso we had nothing to eat. They didn't sell anything on the train. Everyone had to bear up. The only thing we had was water.

The soldiers stayed in Zacatecas so we were able to get into the coaches.

We arrived in Juarez where an aunt of mine took us across the border. We only paid a penny. First, the U.S. officials bathed us in foul water from head to toe. They took off our clothes and also washed them in that smelly water. We were really stinking when we entered the United States.

A labor contractor sent us to a small Texas town. On that trip we only had sardines and crackers to eat. Throughout the three months that we were in that town, my father never was paid more than fifty cents at a time. My sixteen year old brother, who worked on the railroad tracks, only received twenty-five cents. The bosses kept a list of what people bought to eat. When a check came, they gave us no money because they said that it had all gone for food. We only had potatoes, beans, flour, coffee, and sugar.

One day the commissary agent got mad at my older brother and said he was going to kill him.

"We can't stay here any longer," my father announced. "Any day that man might attack Elidoro. Let's leave."

We didn't have a cent. Absolutely nothing. We left at one in the morning so no one would see us. We packed some suitcases with bedclothes and a little clothing. My mother fixed some biscuits and beans. My cousin, his wife, his brother, and their two children who were three and one, fled with us. We walked along the track for eighteen miles until we came to another town. At five in the afternoon we arrived. Some Mexicans who lived in houses made of railroad ties let us stay outside.

The next day, my father and my brother went in search of a labor contractor. We were then put on a train and sent to Abilene, Kansas, where we remained for nine months. Then my sister and her husband, who were already in Hutchinson, Kansas, lent my father money so that we could come to Hutchinson. We arrived in December, 1916. We have lived here ever since.

LUCIA MARTINEZ
Hutchinson, Kansas

FROM SAN ROQUE TO HUTCHINSON

I was born on the San Roque ranch in 1888 and baptized in Irapuato, Guanajuato, a city four kilometers from the ranch.

Our life was hard and sad because we lived in a period of great need. When men could get work, they earned twenty-five cents a day. So, he who worked for six days, earned a peso fifty for the week. There was no work for women; only for men. I suffered a lot in those days; now I don't; now I enjoy life. Since we came to the United States our suffering has ceased. Here there was enough work for the men. They earned little but it was much better than what they had earned in Mexico. Thus, we must recall our former way of life, how we lived and how we suffered. Today I live in contentment, humbly, because of the happiness which I have found in the United States.

During the Revolution, my husband first joined the followers of Carranza and then switched his allegiance to the Villistas. Because he was with the Villistas, the government had to hunt him down. After being a Villista, my husband joined yet another group. It was they who forced us to go to Yucatan. Both the Carranzistas and Villistas were after him. They didn't want just to catch him but to kill him.

We spent two happy and contented years in Merida, Yucatan. It is a very beautiful place to live. We would have liked to stay there but we had two children who wanted to come to the United States.

Once the Carranzistas came to my house on the San Roque ranch to look for my husband. (This was before we went to Yucatan). They gave me a terrible fright but I spoke up to them. They thought that I had him hidden away. I told them to come in and look wherever they wished. I had some thatch and they wanted to burn it. I told them to do whatever they chose because I wasn't afraid since I didn't have him in the house nor did I know where he was.

Another time my husband was chased by government men and they almost captured him. He always remembered the woman who saved his life. In those days, the ones who fled the government forces feared to enter the homes of their friends or acquaintances because the troops were quite capable of burning the houses or killing anyone who tried to help their quarry. This time they were drawing near and my husband didn't know how he was going to escape them. A woman he met asked him whom he was trying to elude. When she heard his tale, she told him to crawl into a deep hole behind her house. He did. When the troops arrived, they asked the lady if she had seen a man running by there. She answered that she had only seen them and didn't know anything about a man. She showed them a nearby nopal patch and mentioned that he might be hiding there. They believed her and continued their search for my husband.

In 1919, on our way to the United States, we spent some days in Irapuato at my cousin's house. One day, a friend of my husband came to talk to him and brought him a message.

"Pablo," he said, "do you have somewhere to go?"

"Yes," answered my husband.

"Where?"

"I intend to go to the United States."

"I want you to go right away because they are coming to look for you. It is still dangerous for you. Get everything ready to leave at once."

"I'm ready now."

"Then, give me the money and I'll go buy the tickets. In the morning, go to the station. Sit down, and as soon as the train arrives and the passengers get off, be the first one to get on with your family. When they come for you here, you will have already left."

So it was. We went straight to Laredo. A friend of ours accompanied us there to make sure that we arrived safely.

The labor contractors were the ones who sent us to Kansas. There were nine of us—my husband, two children, my mother, my cousin, and three boys from the San Roque ranch. The parents of the three boys had asked my husband to lend them the money so that they might come with us. My husband, a charitable man, agreed.

"But how can you be responsible for so many people?" I asked. "My children will go hungry because it costs a lot to feed nine people in a restaurant."

He ignored me and said, "Poor things. They also want to go. When they get work, they will pay me."

We took them.

We came to Inman and everyone got a job with the railroad except my youngest son. We only stayed there a short time before going to Medora and then to Hutchinson.

MARIA PETRA ALFARO
Hutchinson, Kansas

MY ARRIVAL AND LIFE HERE

I left Mexico because one day my mother said, "Son, you're going to the United States to live with your brother."

In those days, one still showed respect to his parents; what they said, one did. One didn't say no.

Things were bad because of the Revolution. My mother had remarried and my stepfather mistreated me.

In 1913, I went with a friend to Laredo where they detained me. They told me not to worry and that everything would be arranged. They took me to the house of an American in Laredo, Mexico, who was a labor contractor.

"Well, so you're going to Garden City. Do you know your brother's address?"

"No. I only know that he works for the Santa Fe."

"How much money do you have?"

"Four or five pesos."

"All right, give me three of them. I'll call him on the phone."

Until my brother came for me, I stayed in the American's house. After twenty-three days my brother arrived and took me to Garden City. There were some six or seven families here when I came. It was not easy for us; we suffered a lot. In spite of everything, from time to time, we got together. Although we were poor, we danced and played our guitars so that we could enjoy a little of life.

We, the old ones, bought or rented houses in this district on this side of the railroad track because they would not sell or rent us houses on the other side. There were men who didn't want us here.

When my son went off to war, I went with him to a bar. I asked for a beer. The owner told me that he would sell it to me but that I would have to drink it outside because they wouldn't allow me to drink it inside.

"Listen, my son is leaving for Germany to fight for us so that you can have your business."

"Get out, get out!" was the proprietor's answer.

It has been different for the new generation. We don't want them to suffer. We want them to have a better life in the United States.

GREGORIO MUJICA
Garden City, Kansas

OUR DREAMS

When I was nineteen, my wife and I were married. My wages then were forty cents a day. However, we always dreamed that some day things would change. We believed that if we had children, it would be different for them.

Our greatest dream was fulfilled in 1949 and 1950 when my wife and I were reunited here in Wellington, Kansas. It was a moment of great triumph for our family.

Yet, when an immigrant comes to a country where the language is different, it is a terrible experience. After a lot of work, we began to understand English a little.

A writer said, "One who has no ambition should not exist." There has always been ambition in our family. God has blessed our marriage with four living children, two sons and two daughters. We have twenty-five grandchildren and two great-grandchildren. They have shown us such respect that even now we have never seen them drink liquor in our presence.

With great pride and satisfaction, we can say that America is the dream of everyone. Everyone has his eyes turned toward America.

SOTERO H. SORIA
Wellington, Kansas

CONCLUSION

From the preceding, some general conclusions may be drawn about our informants and their ancestors. They were a deeply moral and religious people. The Virgin, the Holy Child, and the saints both protected and comforted them. The Church was a center of social life, and the priest, their mentor and confidante. The celebration of a saint's day was a cause for religious ceremonies, fiestas, and general merry-making. Although God was always present in their daily lives, so too was the Devil. He was a constant threat, ready to trap the unwary and the disobedient. His followers, be they witches, wailing women in the night, or jealous suitors who cast spells on others, could be vanquished only by the power of faith.

Poverty was a familiar companion to many. Hours of work were long and pay was short. Men and children toiled from sunup to sundown in the fields and pueblos. The women at home worked at equally laborious chores. Food was scarce and starvation was frequently close at hand.

Yet they were not without a sense of humor. Their folk tales demonstrate their fondness for wit, jokes and man's ingenuity.

In every marriage, the husbands or fathers were the heads of household. Children soon learned to respect their elders as well as to love them. Family ties were strong and binding. Weddings were a cause for celebrations and for the gathering of family and friends. If there was sufficient money, there was lavish food and entertainment. Special plates were prepared. Musicians played for the guests who danced throughout the night.

Not even the horrors of the Revolution were able to destroy family unity. It endured when marauding bands of soldiers raided and pillaged haciendas and pueblos and ravished the women. It gave them the strength necessary to withstand grueling train trips to the United States and the hardships which they sometimes suffered upon their arrival in this country.

The rich cultural heritage of Mexico has given to our Mexican-American informants social, religious and moral values which they hope will be transmitted to succeeding generations. With the desire that this heritage will not be forgotten, these memories for tomorrow have been presented.

LOS DIAS
DE LA
REVOLUCION

LOS POBRES DE 1910

Mis padres eran gente trabajadora pero de respeto. Lo que ellos me enseñaron fue el respeto con las personas mayores de edad.

La guerra civil del año 1910 fue una historia muy triste para la gente pobre. Se moría de hambre, y los ricos no tenían compasión de las criaturas ni de nadie. La gente no hacía caso de la ropa; se tapaban con lo que tenían.

Se acabó la guerra, pero la miseria, no. La gente se moría de enfermedades. Los ricos tenían doctor, pero los pobres nada más tenían la esperanza de recibir la ayuda de Dios.

DAVID JARAMILLO
Wellington, Kansas

LA REVOLUCION

Cuando los villistas, los carranzistas, o los maderistas llegaban a un pueblo, algunos se portaban como unos sinvergüenzas. Como muchos eran de la clase baja, no llevaban orden. Si se les antojaba una mujer, se la llevaban a fuerzas. Al entrar a un pueblo, querían dinero, luego mujeres, caballos y pistolas.

Permitían que la gente pobre entrara en las tiendas para agarrar lo que quería — ropa, maíz o cualquier cosa. Muchos sí agarraban lo que querían. Luego llegaban los del gobierno diciendo que tenían que entregar lo que habían robado. Los revolucionarios ya se habían ido.

Muchos se vengaban de sus vecinos que no querían. Los acusaban, y pronto eran matados. No había cosa de corte. Allí mismo hacían la justicia. Por eso todas las familias tenían sus joyas enterradas en la tierra donde guardaban sus cosas de valor.

MIGUEL GARIBAY
Manhattan, Kansas

EL DON DE LA CAPACIDAD DE LEER Y ESCRIBIR

En aquellos tiempos no había escuela. Sin embargo, en la hacienda donde fui criado, tuve la gran oportunidad de aprender a escribir mi nombre y a leer. Una persona fina que poseía en su memoria un poquito de sabiduría, nos ayudó a los que queríamos aprender. El pago que le dábamos a este señor era de diez centavos por semana.

Ahora mismo a esta edad de sesenta y siete años, no tengo palabras para demostrar el agradecimiento a esta persona fina. Para mí fue un talento, el enseñarme a firmar mi nombre.

Podría atreverme a decir que al noventa y ocho por ciento de la población no sabía ni leer ni escribir durante la dictadura de don Porfirio Díaz. No le convenía, porque sabía que cuando la gente supiera las leyes y pudiera expresar sus ideas y pedir sus derechos de vida, él sería puesto fuera de la presidencia de México. Así lo fue. La gente se había cansado de aquellos tiempos.

SOTERO H. SORIA
Wellington, Kansas

MI PADRE Y UNOS REVOLUCIONARIOS

En el tiempo de la Revolución mi papá tenía una tienda y una cantina. El se iba a Irapuato para comprar su mercancía. En aquellos tiempos no había camiones, o si había, eran muy escasos. Por eso, se iba en una chispita que hacía el tráfico de Cuerámaro a Irapuato.

En la venida de allá para acá lo agarraron dos hombres; serían unos revolucionarios o unos sinvergüenzas. En aquellos tiempos todos los que querían sacar dinero fácilmente decían que eran revolucionarios, pero no más eran bandidos. Asaltaron la chispita para robarlos.

A mi papá le preguntaron cómo se llamaba. Cuando contestó que se llamaba Antonio Garibay, los bandidos reaccionaron violentamente. Dijeron:

—Es de los que nos tirotea de la torre de la iglesia. Vamos a ahorcarlo.

(Mi papá tenía un hermano chico que subía a la torre para proteger el pueblo de los bandidos. Como pensaban que eran muchos los que los esperaban, los bandidos corrían.)

En seguida llevaron a mi papá a un árbol y le quitaron los zapatos y toda su ropa menos el calzón.

Mi papá les preguntó quién era el jefe de ellos. Era un hombre que era sastre. Como mi papá, tambien, era sastre, lo conocía. Insistió en que lo llevaran a ver al jefe. Por fin lo hicieron.

—¿Qué andas haciendo, Antonio? —le saludó el jefe.

—Pues, que me van a matar—le contestó.

—¿Por qué?

Cuando el jefe supo la situación, les dijo que lo dejaran libre y que le devolvieran su ropa. Llegó a casa con todo menos sus zapatos. Uno de los bandidos se había ido con ellos. Ya le andaba.

La vida era muy dura. No valía nada.

MIGUEL GARIBAY
Manhattan, Kansas

73

LOS MADERISTAS, LOS VILLISTAS, Y YO

En 1910, aproximadamente, comenzó la revolución maderista en el norte de México y caminaba hacia el sur.

Yo y otros andábamos trabajando en el campo recogiendo trigo cuando vimos un torbellino que se acercaba del norte. Al acercarse más, nos fijamos en que venían dos hombres a caballo seguidos por unos quinientos hombres de infantería, muchos de ellos sin armas. Algunos sí llevaban machetes mientras que otros llevaban unas carabinas. Sólo iban de pasada.

En la tarde, al llegar a casa, le pregunté a mi abuelito,

—¿Por qué no llevaban armas algunos de aquellos soldados?

—Esos están listos para recoger la arma de uno que se ha muerto y ha caído.

Más tarde resultó que Madero ganó la formación de un nuevo gobierno en contra de la dictadura de Porfirio Díaz, cosa que para nosotros chicos no nos causaba nada porque no sabíamos más de política ni más de lo que había en la hacienda de La Caja.

Más tarde, a eso de 1915, llegaron los villistas. Estos llegaron a caballo, muy decentes, muy bien vestidos con unos tejanos que decían que eran parte de la División del Norte. Mataban las reses que hallaban libres en el monte para darle la carne a la población. Pero la población no la aceptaba. Temía que el patrón se diera cuenta de ello más tarde y que la castigara como sucedía en algunos lugares. El patrón de nosotros se había separado, y nunca lo volvimos a ver.

Un día cuando yo iba a la hacienda, me alcanzaron dos villistas, y uno me dijo,

—Muchacho, ¿pá dónde va?

—Pues, voy pá la hacienda, señor.

—Súbase, hombre, le voy a dar un anca.

—Está bien.

—¿No tiene miedo?

—No, señor.

Me agarró y me levantó enteramente. Era un hombre bien parecido. Al llegar a la hacienda, estaba allí mi abuelita. Me regañó tanto porque pensaba que me podían haber llevado. Le dije yo:

—Oiga, mamacita, el hombre es muy bueno. No me dijo que me fuera con él ni nada. Nada más me dijo que me daban un anca, y aquí me tienes.

—No tenga usted pena, señora—dijo el villista—no me lo voy a llevar.

—Muchas gracias.

JOSE MIRANDA
Chanute, Kansas

LA GENEROSIDAD DE VILLA

Cada mes teníamos que ir a la quinta de Villa, y Villa nos daba un paquetito con un kilo de frijoles, un kilo de azúcar. y un kilo de maíz. De todo lo que se necesitaba nos daba. Mi tía me mandaba a mí porque a ella le daba vergüenza. Yo era la más grande de la familia. Yo iba con mis saquitos. Las llevaba y las devolvía otra vez por más para tener para todo el mes.

BARBARA HERNANDEZ
Newton, Kansas

LAS SOLDADERAS

Mi tío andaba con Villa; él era el que manejaba la máquina.
Luego, arriba de los carros iban las soldaderas, todas con unos braseros, haciendo tortillas y todo. Pasaron allí por el ranchito donde vivía mi abuelita y las veía. Luego se bajaban a los ranchos a agarrar más maíz y lo que necesitaban. Y se los daban. Eso no era vendido. Se los regalaban.

BARBARA HERNANDEZ
Newton, Kansas

LA DEFENSA DEL RANCHO ZARAGOZA

Mi abuelito me platicaba de la época de los revolucionarios en México cuando había una banda que atacaba los ranchos de vez en cuando.
No querían dejarlos volver a Zaragoza porque sabían que se llevarían a las muchachas y todas las yeguas y los caballos buenos que encontraban.
Mi abuelito era el encabezado y les dijo a todos:
—Bueno, muchachos, no tenemos armas (en todo el rancho había dos escopetas) con que pelear, pero esos hombres no entran aquí. Si entran a este rancho, nunca nos olvidaremos.
El rancho estaba al pie de un cerro, y su lado norte miraba hacía el río Lerma que en ese tiempo era muy hondo. Ese rancho no tenía más que una salida y una entrada.
Mi abuelito le dijo a uno de los que tenía escopeta:
—Tu, ponte en la entrada con la escopeta. Cuando entre la guardia, entonces cierra la puerta con cadena. Cuando vayan por medio rancho, tira un balazo que será la contraseña para que el otro del otro lado, también, amarre la puerta de la salida. Entonces, yo pito con un cuerno. Al tocarlo, usen Uds. sus hondas y sus garrotes y a ver cómo les va.

También, al lado del cerro, en el camino real, había cercas. Les dijo que pusieran alambres desde una cerca a otra.

Así era que cuando la banda oyó los balazos, quisieron salir pero no pudieron. Allí quedaron, y la gente los apedró. Al propio capitán lo tumbaron de su caballo a pedradas. Unos cuantos se ahogaron cuando trataron de cruzar el río.

Después, al pasar de los años, oí decir a un tío de mi mamá:

— ¡Ay, caray! A ese rancho Zaragoza nunca voy a volver a ir.

Y nadie nunca volvió a atacar aquel rancho.

JIM MARTINEZ
Hutchinson, Kansas

EL CORAJE DE MI ABUELITA

Cuando mi abuelita ya estaba mujer casada, estaba encargada de cuidar de sus hermanas menores porque su mamá estaba muerta.

En esos días había muchos partidos revolucionarios — los dorados, los carranzistas, los villistas, los colorados, y los federales.

Había alguien todo el tiempo cuidando cuando venía esa gente porque le venía a avisar al rancho. —Allí viene una gente. ¡Cuídense!

Una de las hermanas de mi abuelita era ya señorita; tenía dieciséis años. Se sabía bien que estos hombres les robaban todo: comida, animales, señoritas. Estas las echaban a un caballo y corrían con ellas. Mi abuelita, para protegerla, le echaba un chunde (un canasto grande hecho de caña) sobre ella y se sentaba en él. Y de aquel canasto no la pudieron mover. Allí duró hasta que la gente se caminó, y así, sin duda, salvó a su hermanita.

ELSIE GONZALEZ
Newton, Kansas

EL DISFRAZ QUE FRACASO

Llegaron dos hombres muy rápidamente al rancho y pidieron ropa para cambiarse. Mi abuelita les dió ropa de mi abuelito. Se cambiaron y cuando llegó la gente que los buscaba, levantaron a unas criaturas ajenas para ver si no los conocían. Una de las criaturas era mi papá. Pero la gente los conoció y los sacaron a los dos y los mataron, allí cerca de la vía férrea enfrente de la casa.

ELSIE GONZALEZ
Newton, Kansas

BENITO CANALES

Benito Canales fue uno de los primeros que se levantó contra Porfirio Díaz en nuestra región. El hermano de mi cuñada era el subteniente de Canales.

Se enamoró de una mujer en Armanitas. Una vez cuando la fue a ver, el gobierno se dio cuenta y rodeó la casa donde estaba.

Como Benito iba armado, comenzó a luchar contra los soldados. El capitán estaba escondido detrás de un mezquite grande y gordo pero cuando se asomó, una bala le pasó por la cabeza. El capitán mandó a unos soldados que se arrimaran para ver cómo podrían entrar a la casa. Benito dejaba que se arrimaran a la casa, luego los jalaba para azar del parque.

Entonces el gobierno se valió de un padre que era compadre con Benito.

—Compadre, date—le dijo el padre.

—Mire, padre, yo sé que me van a matar. Me voy a dar. Me van a fusilar a mí. Ya me cansé de matar a tantos.

Salió el padre con él. Los soldados lo amarraron. Lo llevaron a la hacienda de Zurumuato donde estaba el mero grandote general.

—Usted es Benito Canales, ¿no?

—Sí, general.

— ¡Muy hombrote!

—No, general. Es que no aguanto la injusticia que está pasando a mi gente.

— ¡Baboso!

Amarrado como iba, le dio un palo al general.

Luego los soldados lo tendieron vivo en el centro de la hacienda donde había unos portales muy grandes. Querían que todos lo vieran. Más tarde lo mataron. Llegó una orden de la capital que no lo mataran pero los diablos no esperaron y ya lo habían matado.

Don Perciliano, el hombre que llegó a ser mi suegro, iba a pie cuando llevaban a Benito a un lado del camposanto para fusilarlo. Me platicó a mí que iba amarrado y que cuando lo vio que se conocieron y se saludaron. Los soldados iban a vendarle los ojos pero Benito protestó.

Tiraron. No cayó.

Otro tiro. No cayó.

Fueron a ver y encontraron que llevaba una imagen de la Virgen de Guadalupe y una hostia en un costalito. Le quitaron la hostia y la Virgen de Guadalupe, volvieron a tirar, y esta vez se cayó.

GREGORIO MUJICA
Garden City, Kansas

PANCHO VILLA, LOS CARRANZISTAS, Y YO

Mi padre era un oficial del gobierno villista. Aproximadamente en el año 1914, mi padre me dijo que me iba a llevar a conocer a uno de los hombres más grandes de la revolución mexicana: Pancho Villa. Pasaría por Irapuato con rumbo a la Ciudad de México.

Cuando llegó el día, mi padre me llevó a la estación del ferrocarril. Tuve el gusto y el honor de conocer a ese gran hombre de la época de la revolución mexicana.

El general Villa me levantó y me regaló un peso. Entendí más tarde que se acostumbraba regalar pesos o ropa a la gente que le saludaba.

A mi concepto, yo creo que Pancho Villa era un hombre de muy buen corazón. Podía ser de mal corazón a los que tratarían de traicionarlo. Para mí, el gobierno villista no nos hizo ningún mal.

Los que abusaron fueron los del gobierno carranzista. Cuando llegaban a las casas de los peones se aprovechaban al entrar a las casas. Saqueaban y robaban lo poco que teníamos. Tomaban el maíz y el trigo y lo echaban al suelo para dar de comer a sus caballos.

Mi madre y yo fuimos, muchísimas veces, amenazados de la muerte porque cuando buscaban a mi padre y no lo encontraban en casa, se enojaban. Varias veces mi madre y yo nos miramos frente a los 30-30 y Mauser. Lo que sí sé es que los cañones de tales rifles son muy pequeños. Pero para mí, dichos hoyitos de los cañones de los rifles los miraba yo tan grandes que parecía que me podría esconder en los cañones de tales rifles.

Las experiencias de dicha revolución no eran una cosa de gusto. Sólo podemos decir que varias veces, Dios fue el único que nos pudo salvar de los sustos que los carranzistas nos dieron.

CHENCHO ALFARO
Hutchinson, Kansas

LA FE

LA HERMANDAD DEL SANTUARIO

En el estado de Michoacán tenían hermandades de hombres y de mujeres que salían a pie por el monte al santuario. Eran unos ejercicios que las señoras hacían rezando y cantando alabanzas. Tenían penitencias; una de ellas era que tenían que disciplinarse. Lo hacían de una manera tan rara. Tenían su soga y se daban golpes por los brazos y por la espalda. Esa disciplina se daban cada una por sí misma, haciendo penitencias por los pecados que tendrían en su vida o que harían. Después de un tiempo ya se terminaban y se salían de regreso para sus casas por el camino a pie.

JUANITA SILVA
Manhattan, Kansas

LOS PEREGRINOS Y LAS PIEDRAS

Otra peregrinación era visitar la Basílica de la Virgen de San Juan de los Lagos, la famosa y milagrosa Virgen del estado de Jalisco.

Salían en la peregrinación a pagar sus mandas, que le habían pedido a la Virgen. Si la Virgen les cumplía su petición, tenían que ir a pagar sus mandas a la iglesia. Unos entraban de rodillas a visitarla con una cera o le llevaban flores.

A veces era tan rígido el viaje a pie que muchas veces se cansaban las personas y se rebeldían de ir. Y ese arrepentimiento les venía haciendo mal a la gente que se arrepentía porque se volvía piedra. Se decía que esas piedras que encontraban en el camino eran grandes.

JUANITA SILVA
Manhattan, Kansas

EL SEÑOR DE LA PIEDAD

Hay un Señor de la Piedad en una iglesia muy grande en Michoacán. Está hecho a mano. Es muy lindo. Entra uno, de rodillas, desde la puerta hasta donde está el Señor de la Piedad. Le ha pagado yo mandas así que he pedido por la familia, enfermos y todo.

Yo creo en eso porque a mí se me ha cumplido lo que he pedido.

BARBARA HERNANDEZ
Newton, Kansas

UNA SUPLICA CONTESTADA

Era un milagro de un niño que no creían que se iba a aliviar. Tenía como agua en la cabeza. Lo llevaron con el doctor, y el doctor le dijo que ya no tenía alivio.

Era un sobrino mío, y sus padres se lo prometieron a un santo, que si lo aliviara todo, irían hasta allá a verlo.

Pasaron dos o tres años. Ahora el niño era muy grande y estaba aliviado. Fueron y pagaron la promesa.

BARBARA HERNANDEZ
Newton, Kansas

LA VIRGEN DE REFUGIO

El 4 de julio es el día de la fiesta de la Virgen de Refugio. Se celebra con pólvora y truenos, y es una fiesta muy grande. En un palanquín la ponían mientras la sacaban en procesión. Muchos la seguían, unos a rodilla.

Cuando no llovía, la sacaban en procesión, todos cantando y rezando para que lloviera. Y llovía.

JOSEFINA AGUILERA
Garden City, Kansas

UNA CURA PARA EL SUSTO

Si una criatura está sufriendo de susto, la creencia era de que la levantaran dos personas de pie y de cabeza y a los doce de la noche rezaran con ella haciendo la señal de la cruz. Tenían que rezar el Credo y seis Padre Nuestros. Esta era la creencia de que se aliviaba el susto.

ELSIE GONZALEZ
Newton, Kansas

EL SANTO NIÑO DE PEYOTES

En Villa Unión hay una iglesia muy pequeña y humilde donde se venera el Santo Niño Jesús de Peyotes. Este Niño no está en la Biblia, pero toda la parte del norte de México lo venera y tiene mucha fe en El.

Comenzó una guerra en ese pueblo, los pobres, los rojos, contra los ricos, los verdes. Los verdes acababan a los rojos. Los diez o doce que quedaban, se pusieron al frente, esperando que los mataran.

No supieron por qué, pero los verdes se regresaron con miedo. Pasaron unos minutos, y se arrodillaron pensando que Dios los había ayudado.

Apareció un niño tan hermoso con un vestido brillante que nadie lo podía creer. Varios tomaron fotografías y de allí hicieron al Santo Niño de Peyotes.

Ha cogido tanta fama y lo quieren tanto en ese pueblo, que se le hizo su iglesia.

Ha hecho muchos milagros y mucha gente mexicana de todas partes ha ido a esa iglesia a pagar promesas.

Si uno tiene un familiar enfermo, ya sea de una pierna o de la cabeza, se va y le pide al Santo Niño de Peyotes que le dé su salud, y se compra una pierna de oro o de plata. Ese dinero va para la ayuda de la iglesia. No se paga lo prometido hasta que el familiar esté de buena salud. Es tanta la fe que se tiene en el Niño que hay tres cuartos humildes llenos de puras cabezas, piernas y cuerpecitos. Es una cosa primorosa.

Todos los nacidos de Villa Unión recibieron carta pidiendo dinero para la reconstrucción de la iglesia porque se estaba cayendo. Habiéndose dado cuenta de la situación, el gobierno prometió dar tres veces lo que se recogiera.

La vieja y humilde iglesia la van a conservar como recuerdo de los pobres que ganaron en aquella batalla contra los ricos.

Ese Santo Niño de Peyotes es tan venerable en Coahuila que durante el tiempo de verano de la canícula, los cuarenta días de mucha escasez de agua, se acostumbra sacar al Santo Niño a los ranchos a rezar un rosario o una misa. Hemos ido a los ranchos a rezar y, al regresar, todos venimos bien mojados porque se vino la nublazón y llovió. Con esta fe tan grande, nadie teme que llegue la canícola; pues se saca al Santo Niño y se acaba la sed.

MARIA L. CARDENAS DE JUAREZ
McPherson, Kansas

LA VIRGEN DE SAN JUAN DE LOS LAGOS

Esta Virgen apareció, cuando mi abuelita era niña, en forma de una piedrita. En la piedrita no se le veía nada más que la carita.

Tuvieron que rodarla hasta que llegó a tal punto que ya no pudo rodarse. Allí se detuvo. Pero la piedrita fue creciendo. El punto que la piedrita ya no pudo moverse fue la señal que la Virgen allí quería su capilla hecha. Y hasta hoy día, allí está su iglesia en el ranchito que se llama San Juan de los Lagos.

ELSIE GONZALEZ
Newton, Kansas

LA LLEGADA DEL PADRE

Se hacía otra fiesta para recordar el tiempo cuando no había padre en la hacienda. (Mis abuelos y mi mamá me platicaban de aquellos años.)

Una vez, iba un padre a caballo de Cuiseo, Guanajuato, a Pénjamo. La Iglesia lo mandaba a una iglesia allí.

En un río se bajó para darle agua al caballo. Entonces apareció una mujer y le dijo:

—Oye, ¿adónde vas?

—Señora, yo voy para Pénjamo. Me mandaron de Cuiseo.

—¿Cómo no te vas para Zurumuato? Allá no hay padre.

La hacienda donde vivíamos se llamaba Zurumuato.

—¿Cómo voy a irme para allá si voy para Pénjamo?

—Vete a esa parroquia de Zurumuato.

Se quedó admirado aquel padre y dijo:

—Pero, ¿por qué me mandas tú para allá?

—No, yo no te mando, pero te necesitan mucho. En Pénjamo hay padres. Acá no hay.

En ese momento el padre se pensó a sí mismo que iría a ver si era cierto todo eso.

Se fue. Al llegar al cementerio de la iglesia, desapareció la mujer. Luego se abrió la puerta de la iglesia y se apareció la Virgen en el altar.

Dicen que el padre le pidió a Dios qué sería.

Así es que se festeja la llegada del padre el ocho de diciembre cuando se celebra la fiesta de la Virgen de la Purísima Concepción.

GREGORIO MUJICA
Garden City, Kansas

LA MANO

Había un niño que cuando le daba a comer la mamá de pecho, él la pegaba y pegaba. Como era un niño chiquitillo, su mamá no le quitaba la mano.

Cuando se murió el niño, ya estaba grandecito. Murió pero no pudo estar en paz tampoco. Se asustaron porque cuando fueron a la sepultura para visitarlo, vieron que su mano estaba fuera de la tierra.

Fueron en busca del padre. Cuando él vio la mano, agarró una vara. Mientras pegaba la mano con la vara, rezó para que el alma no siguiera penando. La dejó ya en paz. También fue a su cuna para quitarle la pena.
(Los padres usan este cuento como ejemplo a sus hijos.)

FELICIA SANTOS SILVA
Manhattan, Kansas

UNA PARABOLA

Cuando yo era jovencito, el padre Carraso, mi padrino de nacimiento, me platicó una historia de un sacerdote muy religioso que se acostumbraba a orar a Dios por las noches.

Una noche le pidió a Dios que le enseñara una persona que estaba condenada ir al infierno. Se dice que oyó la voz de Dios decir:

—Mira, vete aquí a dos cuadras, voltea a la izquierda, y el primer hombre que encuentres es uno que está condenado.

El sacerdote se fue caminando y se encontró con un borrachito que estaba blasfemiando y echando maldiciones. Se acercó a él y le dijo:

—Pues, ¿no sabes lo que haces?

—¿Por qué, padrecito?

—Tú estás condenado. Te vas a ir al infierno.

Con eso, el borrachito lo miró y dijo:

—Si Dios así lo quiere, está bien hecho.

El sacerdote se volvió a su lugar. Pasaron varios días. Luego, cuando estaba orando, le dijo a Dios que ya que le había enseñado a una persona condenada que le enseñara una que estaba salvada que iba a ir a la gloria. De acuerdo con esto, Dios le dijo:

—Ahora, vete por este lugar. La primera persona que encuentres es una que está salvada y que va a ir a la gloria.

Al ir andando, el sacerdote se encontró con el mismo que había encontrado antes. Cuando lo vio, entonces dudó de Dios. Volvió a su iglesia y empezó a orar. Le preguntó a Dios:

—¿Por qué dijiste que aquel hombre estaba condenado y ahora que el mismo hombre está salvado?

—Es que tú no entiendes—le dijo Dios.—Cuando tú le dijiste que estaba condenado, él te dijo que Yo sabía lo que Yo hacía, y lo aceptó. Así es que en ese momento se salvó y ahora está salvado.

EUGENIO LAVENANT
Newton, Kansas

EL OJO

Una creencia trata de criaturas chiquitas y graciosas. Cuando hay visita que admira a la criatura, la visita debe de ir a cogerla. Si no lo hace, le criatura puede enfermarse sin poder hablar y con mucha calentura.

Los papás, si saben el remedio, cogen un huevo y comienzan a rezarle por todo el cuerpo del niñito. Hacen crucitas, rezan y entonces ponen una cruz de palma bendita en un plato con agua. Después de rezar, se pone el huevo en el agua. Si es que estaba enfermo de ojo el niño, ese huevo al otro día está cocido como si

84

se hubiera hervido. Luego, el niño se alivia.

MARIA L. CARDENAS DE JUAREZ
McPherson, Kansas

CALMANDO LA TEMPESTAD

Cuando había una tempestad, mi abuelita decía:
—Vengan, vengan, traigan cuchillo para cortar la nube.
Nos parábamos y la bendeciámos,
—En el nombre del Padre, del Hijo y del Espíritu Santo, la Santísima
Trinidad, y Jesús, María y José, que nos libre de esta tempestad.
Y se calmaba la tempestad. Pero tenía que hacerlo uno que no era pecador.
Así nos ponían a nosotras a hacerlo cuando éramos muy chicas.
Una vez vino una tempestad muy fuerte, y mi tío, todavía muy joven, se
quitó el guarache, bendijo la nube con el guarache, lo aventó al aire, y se calmó
la tempestad.

MARIA PEREZ RIVAS
McPherson, Kansas

LAS APARICIONES

EL COMPAÑERO DE JUEGO DE MI ABUELITA

Mi abuelita se acuerda de que aparecía un niño envuelto en una luz muy blanca, vestido de blanco en una casita donde ellos vivían. Se sentaba en la cocina entre los trastes a cantar y a reírse con ella.

Ella, chiquita e inocente, no sabía nada y jugaba con él. Pero, como aparecía, se desaparecía entre las paredes.

ELSIE GONZALEZ
Newton, Kansas

EL FANTASMA Y EL DINERO

Un señor se fue a vivir a un rancho. Tenía mucha tierra que se cosechaba. Un día cuando andaba levantando la tierra para cosecharla se encontró una olla de puras mondeas. La levantó y se la llevó para la casa.

A los cuantos días, él empezó a sentir que en las noches venía una cosa que lo apretaba. Le preguntaba a su esposa, si ella le estaba apretando. Ella le decía que no. Y se volvían a dormir.

Así duró varios meses. Se empezó a enflaquecer mucho. Cada día se ponía peor.

Luego su esposa fue con el padre y le dijo:

—Ay, señor padre, no sé qué hacer. Mi esposo está entre más y más enflaquecido porque viene un bulto y lo aplasta. Parece como un hombre que se lo aplasta.

El padre le dijo que le contara todo lo que había hecho.

—Bueno, andaba en las tierras escarbando y se halló una olla de monedas.

Entonces el padre fue al rancho y vio la olla de monedas. Después de confesar al señor, le dijo:

—¿Sabes que ese dinero allí lo enterró alguien? Pero el que lo enterró no quiere que tú lo agarres. Ese dinero es para una persona de la familia de él. El quiere que otro lo agarre. Así es que tú tienes que ir a enterrar ese dinero de vuelta donde lo hallaste. Luego, ven y vete de este rancho.

El señor fue y enterró el dinero otra vez. Luego vino y pasaron unos días. Ya se desapareció el bulto que venía. Se fueron del rancho y se alivió.

BARBARA HERNANDEZ
Newton, Kansas

UNA OPORTUNIDAD PERDIDA

Durante la Revolución cuando vivíamos en Chihuahua vinieron mi abuela y todos a nuestra casa.

Nos acostábamos mi papá y yo en el suelo cerca de la puerta para que entrara el aire porque no tenía ventanas la casa.

Luego entonces, toda la noche seguía un ruidazo como cadenas. Quería como agarrarnos. Mi papá le aventaba con los zapatos y todo mientras que mi abuelo le echaba unas maldiciones grandes.

Yo me acuerdo que se veía como un bulto guapo que se iba para la cocina y se metía. Pues yo tenía miedo de entrar en la cocina.

Luego así duramos allí hasta que mi papá le habló a mi tía.

—No hallo qué hacer con ese bulto—le dijo.

Ella le dijo que cuando volviera a salir el bulto que lo agarrara y le rezara.

A los cuantos días volvió a salir (no salía todas las noches), se agarró mi papá a rezar y rezar. Desde entonces no más se oían las cadenas cuando iba caminando de vuelta para allí. No volvimos a verlo.

Cuando nos cambiamos de allí, otra familia se cambió allí. Tenía allí unos cuantos días cuando allí, al pie de la cama, encontraron un cajón de dinero y lo sacaron. Ahora recuerdo que cuando me bajaba de la cama sonaba muy hueco.

Dijo mi tía que ese bulto había sido el espíritu que quería que fuéramos nosotros a sacar el dinero. Pero mi papá tuvo miedo y cuando empezó a rezar, el bulto no nos molestó.

BARBARA HERNANDEZ
Newton, Kansas

UNA VOZ DE ULTRATUMBA

Cuando se murió la mamá de una amiga mía, ella y su hermano fueron a vivir con la mamá del papá.

La abuela tenía muy mal caracter. Ya que tenía mucho negocio, pasaba la noche haciendo dulces para vender.

Una noche cuando el niño no quería dormir porque tenía miedo de su cuarto oscuro, la abuela le dijo:

—Te tienes que ir a acostar porque me voy a acostarme muy tarde, y no quiero que te quedes aquí.

El niño se fue llorando. La abuela le dijo que si no se callaba, le iba a dar una buena nalgada, pero el niño siguió llorando.

Al rato dejó de llorar y empezó a reírse. La abuela quiso saber con qué estaba jugando en el cuarto tan oscuro. Cuando entró, vió una luz celeste. El niño le dijo:

—Abuelita, vete a hacer tu trabajo porque aquí está mi mamá conmigo.

La abuela se asustó porque, aunque no veía a la madre, sí veía esa luz que no era natural. Abrazó al niño que seguía contento porque decía que su mamá estaba allí.

Llorando y gritando, cogió al niño y se fue corriendo a la casa de una vecina. Le contó lo que había sucedido.

Llamaron al sacerdote que dijo:

—Posiblemente este niño vió a su madre y esa luz fue una prueba para que seas un poco mejor con tus nietos.

A consecuencia de esto, la señora cambió tanto que se dedicó desde entonces a obras de caridad, porque creyó que Dios le había dado esa muestra. Al cabo de unos años, murió muy feliz.

MARIA L. CARDENAS DE JUAREZ
McPherson, Kansas

UNA LEYENDA DE LA LLORONA

Había una mujer mala de la calle que había tenido hijos. Pero como no los quería, los tiró al río.

Llegó ya el tiempo que ella murió. Se dice que no puede alcanzar el perdón de Dios hasta que no haya recogido a todos aquellos hijos que había echado al río. Nunca los ha recogido; por eso Dios no la ha perdonado, y anda penando por el mundo.

Dicen que por donde hay ríos es donde anda penando su pena. Llora y llora. Quiere recoger las almas de los niños que ella echó a ahogar al río. Llora todo el tiempo pero todas las personas no la oyen. Ella puede ir dondequiera.

FELICIA SANTOS SILVA
Manhattan, Kansas

LA LLORONA EN IRAPUATO

En Irapuato, Guanajuato, la ciudad de las fresas, por la calle de Santa Ana cerca del templo de la Soledad está una casa que tiene un letrero enfrente que dice, "Esta es la casa de la llorona."

Sucedió que esta señora tenía una niña que se cayó en un pozo. Se excitó tanto que empezó a gritar. Salió gritando en busca del cura de la Soledad. El cura la acompañó a su casa y trató de calmarla. Por fin, ella se cayó desmayada.

De allí, dicen que resulta la historia de la llorona. (Otros la cuentan de diferente forma. Así es que cada quien formamos nuestra propia versión del cuento de la llorona.)

JOSE MIRANDA
Chanute, Kansas

OTRA VERSION DE LA LLORONA

El río Lerma pasaba por el rancho Zaragoza donde yo nací. Allí esperábamos a las orillas del río los animales que bajaban a tomar agua.

En una ocasión oímos un llanto. Nos acordamos de cuentos que nos platicaban, y aunque sabíamos que sólo eran cuentos, temimos. Nos preguntamos por qué lloraba y por qué la decían la llorona. Esta versión que les voy a platicar es la que nos platicaron a nosotros.

La llorona era una señora que cada vez que tenía un niño, no lo criaba sino que lo llevaba y lo ahogaba al río.

Al fin, esta señora se fue y se confesó al padre. Le confesó lo que estaba haciendo. El padre dijo:

—Mira, hija, la penitencia que te voy a dar es que el otro niño que tengas, que lo críes hasta que tenga cinco años y te diga "Mamá."

Así lo hizo. Cuando el niño ya tenía unos cinco años, él se murió. Porque le había cogido cariño a este niño, y sentía mucho remordimiento, ella se murió. Ahora vaga para siempre por todo el cerro y el río llorando y buscando a su niño.

Lo increíble era que cuando los perros oían este llanto, empezaban a aullar y se ponían la cola entre las patas. Al verlas así, pensábamos que era algo sobrenatural.

JIM MARTINEZ
Hutchinson, Kansas

91

LOS ENCUENTROS CON EL DIABLO

LA NIÑA DESOBEDIENTE

Era una muchacha que desobedeció a su mamá. Quería irse a un baile. Pidió permiso pero cuando su mamá le dijo que no; se fue sin él.

Agarró con un camino a pie y se fue. Luego se encontró con un anciano. El le preguntó a dónde iba. Ella contestó que iba a un baile. Le dijo él que no fuera.

—¿Por qué? —le preguntó ella.

—Te puede ir mal—le contestó el anciano.

—Oh, ¿por qué? ¿Por qué no? Mi madre me decía que no. Pues a usted menos bien—le respondió ella.

Siempre siguió caminando. Luego, se encontró otra vez con otro pero era diferente. No era anciano; ya era hombre. Pero era ya el diablo.

El, también, le preguntó a dónde iba y le avisó que le iba a ir mal ahora. La rasguñó por todos los brazos y toda la cara. La dejó con sangre y asustada.

Ella ya ni al baile fue. Se regresó a su casa y le platicó a su mamá lo que le había pasado. La madre le dijo:

—Bueno, hija. Fue el diablo. Solo él fue el que te rasguñó y el que te detuvo.

(Los padres contaban este cuento a sus hijos como un consejo que debían obedecerlos.)

FELICIA SANTOS SILVA
Manhattan, Kansas

EL DIABLO Y MI TIO

Era un tío que era muy borracho. Todo el tiempo andaba en las cantinas. Le decía mi tía que no fuera a tomar.

Un día fue a una cantina donde se encontró a un hombre muy guapo. Este hombre le dijo:

—Ya está llegando la hora de cerrar la cantina. Pero, no te apures. Yo sé dónde está otra cantina mucho mejor. Tienes que subir en mi caballo.

A mi tío le gustaba la cerveza y contestó:

—Andale, pues.

Fue y se subió al caballo. Se subió el charro, también, con él. Se dice que iban al caballo muy recio.

Cuando iba amaneciendo e iban a cantar los gallos, el diablo aventó a mi tío. Lo dejó todo rasguñado. Era el diablo que se lo había llevado. Como se sabe, cuando amanece, el diablo tiene que desaparecerse. Así, no más cantaron los gallos, y se fue.

94

Allí lo hallaron todo tirado en el camino. La gente que pasó allí luego se lo llevaron a la casa.

BARBARA HERNANDEZ
Newton, Kansas

UN ENCUENTRO CON EL DIABLO

Ya por la tarde se fue un hombre para el pueblo para andar allá con los amigos, para andar viendo a los muchachas y para tomar.

Cuando ya se llegó la hora de venirse, se dice que venía él por el camino cuando le salió un perro muy grande con unos ojos muy feos que le derrumbaba. En lugar de rezar él, empezó a echar maldiciones. El perro no se le retiraba. Luego dijo él:

—Creo que usted ha de ser el diablo el que no se me quita.

Rezó y el perro se desapareció.

Luego vio a una mujer de vestido blanco que la quiso alcanzar. La mujer caminaba y se hacía chiquita. Caminaba más y se hacía más chiquita. Cuando fue que la quiso agarrar, se desapareció. Era el diablo, también.

Se dice que se levantó, llegó a su puerta y cayó desmayado. De allí lo llevaron para adentro de la casa, desmayado.

BARBARA HERNANDEZ
Newton, Kansas

DIOS, LA VIRGEN, Y EL DIABLO

Era un señor tan pobre que tenía poco que comer. Su esposa le echó unos taquitos para que se fuera al camino a ver lo que hallaba.

En el camino se encontró con un señor que le dijo:

—Ay, me vengo muriendo de hambre y no me das nada. ¿Ni me das un taquito?

—¿Quién eres tú?

—Yo soy Dios.

—Ah, no te doy, porque tú no me has dado nada a mí.

El señor siguió caminando por el camino cuando se encontró con una viejita.

—¿Quién eres tú? —le dijo.

—Yo soy la Virgen. ¿No me das un taquito? Tengo mucha hambre.

—No —le dijo— porque tú no me ayudas a mí.

Siguió caminando. Se encontró con un señor muy flaquito.

—Y tú, ¿quién eres? —le preguntó.

—Oh, yo soy el diablo. ¿No me das un taquito? Estoy muriéndome de hambre.

—Sí. Tú no me das nada pero a todos nos llevas.

BARBARA·HERNANDEZ
Newton, Kansas

MAS DIABLA QUE EL DIABLO

Había un hombre muy pobre que quería dinero. Un día se encontró al diablo que le dijo:

—Mira, yo te doy todo el dinero que quieras. Pero, tienes que pagarlo después. Mira, tengo que venir por ti dentro de cuatro años.

Llegó ya a su casa con mucho dinero que le había dado el diablo y le dijo a su esposa:

— ¡Ay, vieja, ahora sí que estamos muy ricos!

El creía que los años no se iban a venir pronto. Pero se fueron muy prontos los años. Ya vino el diablo para cumplir el acuerdo y le dijo:

—Ya vengo por ti.

— ¡Ay, vieja, ¿qué haremos? El diablo me va a llevar.

—No te apures—le dijo ella.—Dile que si no adivina qué animal tienes tú aquí en la casa, entonces no te puede llevar. Tú ganarás.

El señor fue y le dijo al diablo:

—Bueno, sí me voy contigo si primero no me adivinas esta adivinanza.

—Pues, yo soy el diablo. Yo las sé todas. Yo sí te la adivino. Andale, pues.

Luego la mujer se puso en un cuarto muy oscuro. Se quitó la ropa y se echó todo el cabello largo que tenía. Entonces se puso a gatas.

Cuando vino el diablo no pudo adivinar qué animal sería.

—¿No sabes qué animal es?

—No—contestó el diablo.

—De modo es que no adivinaste la adivinanza. No adivinaste qué animal es, ¿eh?

—No.

—Bueno, entonces no me llevas, ¿no?

Como el diablo no pudo advinar, el señor le ganó y se quedó con el dinero. El diablo perdió y le dijo:

—Tú fuiste más diablo que yo.

Pero la mujer era más diabla que el hombre.

BARBARA HERNANDEZ
Newton, Kansas

LA CUEVA DE LA CAMPANA

Mi primo y yo íbamos a cazar al cerro. Dicen los ancianos que en ese cerro hay muchos tesoros porque era el camino por el cual el gobierno perseguía a los bandidos. Estos iban y enterraban su dinero allí (en el cerro).

En la "cueva de la campana" dicen que hay mucho dinero. De los que han entrado allí, pocos han llegado al centro. Pero los que han llegado al mero centro dicen que hay unos cueros con mucho dinero y que han oído una voz que les ha dicho:

—Todo o nada.

Un hombre que llegó con varios otros, esperó hasta que sus compañeros habían salido. Entonces, se echó lo que podía al seno. Cuando llegó a la entrada, se cerró, y ya no pudo salir. Se acordó de la voz que había dicho "Todo o nada" y vació todo lo que tenía allí y pudo salir.

Muchos han oído el cuento de un chivo que bala desde abajo en esta cueva. Cuando los cabreros lo oyen y van a ver si es un chivo que está extraviado y llegan a "la cueva de la campana," saben que no es un chivo sino otra cosa. Creen que es el diablo.

Una vez cuando andábamos mi primo y yo en el cerro con un tío, oí el chivo balar. Al principio pensé que era mi imaginación, pero cuando mi primo me dijo que también lo había oído, nos dio miedo.

—Tío Pedro, ¿oíste?

—¡Ah! No hagan caso.

El siguió caminando. Al fin regresamos al rancho Zaragoza, pero no se nos quitó el miedo.

Todavía existen estas creencias allí en ese rancho.

JIM MARTINEZ
Hutchinson, Kansas

UN TRATO CON EL DIABLO

Había un señor pobre que tenía una esposa, un niño de cinco meses de edad, y un perrita. Cada tarde cuando regresaba a casa, el perrito salía para encontrarlo.

Fastidiado con su pobreza, el señor decidió pedirle al diablo dinero para poder mantenerse mejor.

—Si te ayudo con todo lo que quieres—le dijo el diablo—tienes que darme la primera cosa que sale a encontrarte cuando vuelves a casa por la tarde.

Inmediatamente dijo que sí porque sabía que la única cosa que salía a encontrarle era el perrito que tenía en casa.

—Firma este papel—le dijo el diablo—y yo te diré cuando quiero mi pago.

Cuando volvió esa tarde a su choza este señor, el primero que salió a encontrarlo fue su niño. Ese día había empezado a gatear.

Se puso muy triste porque se acordó del trato que había hecho con el diablo. Le pedió a Dios que lo perdonara por lo que había hecho. Al mismo tiempo decidió dejarlo todo en las manos de Dios.

Se pasaron muchos años. Este niño se educó y pensaba en estudiar para sacerdote.

Un día se le apareció el diablo diciéndole:

—Tú no puedes ser padre porque tú me perteneces a mí.

El joven no se asustó del diablo, pero se sorprendió con lo que le había dicho el diablo. Esa noche platicó con su papá acerca de lo que le había dicho el diablo. Su papá, llorando, le dijo toda la historia.

Al otro día el joven se confesó con el padre de la iglesia. Necesitaba su consejo para saber cómo quitarle al diablo el papel que su papá había firmado. El padre le dijo:

—Lo único que puedes hacer ahora es ir al infierno y pedir el papel que firmó tu papá.

Este joven se fue por las sierras y por las barrancas en busca del infierno. La primera persona que encontró fue un ermitaño. El joven le preguntó:

—¿Sabes dónde está el infierno?

—No, hijo, tengo muchos años de edad y estoy muy viejito. En fin, no puedo ni moverme ni hacer nada. Los ángeles del cielo vienen y me dan de comer, pero no sé yo dónde está el infierno.

El joven siguió caminando hasta que se encontró con un hombre montado a caballo, el cual le dijo:

—¡Alto! ¿Quién eres tú?

El joven se lo explicó todo.

Este hombre, llamado Silva, era un ladrón y muy asesino.

—Joven—le dijo—cuando llegues al infierno, quiero saber qué dicen allí del ladrón Silva. Cuando vuelvas, dime.

Por muchos días el joven continuó caminando. En fin, se encontró con un señor vestido de una capa que llevaba una vara de flores.

—¿Qué andas haciendo por estas sierras, niño?

Este joven le contó toda la historia del trato con el diablo y que andaba en busca del infierno. Sabía que estaba hablando con San José.

—Toma esta varita—le dijo San José—y cuando llegues al infierno, no toques con la mano, usa esta varita que te doy.

—Al fin, llegó a unas montañas muy obscuras y muy feas. De una cueva brotaba una lumbre. Hasta escalofrío daba no más en verla.

—¿Quién vive aquí? —gritó dos veces.

Nadie le contestaba. Luego se acordó de la varita que San José le había dado. Dio dos varazos en la puerta. Salió un hombre vestido de colorado con cola y cuernos diciendo:

—Ya no le pegues a mi casa porque toda mi familia se asusta.

Seguramente, cada vez que el joven le daba un varazo, toda la cueva se sacudía por dentro.

—¿Es éste el infierno? —le preguntó el joven.

—Sí, yo soy Lucifer. ¿Qué buscas? Tú no perteneces aquí.

El joven le dijo que su papá había hecho un trato con uno de los diablos sin saber que el diablo le había engañado.

—Yo quiero que me devuelvas ese trato. Si no me lo das, volveré a pegarle a la cueva con la varita que traigo.

—No, no, pásate para adentro. Yo sé cual de mis diablos fue.

Luego llamó a Satanás, y le dijo:

—Dale a este joven el trato que hace años que su papá firmó.

—Yo no sé nada de este trato—contestó Satanás.

Lucifer sabía bien que Satanás estaba echando mentiras y les dijo a los otros diablitos que lo pusieran en un pozo de agua caliente, tan caliente que estaba hirviendo. Allí lo aventaron. Todo se deshizo, pero luego se volvió a formar. Entonces lo aventaron en un pozo de plomo tan caliente que estaba derritido. Satanás se volvió a deshacer. Al volver a formarse cómo había estado, siguió negando saber del trato. Entonces Lucifer les dijo a los diablitos que lo acostaran en la cama del ladrón Silva.

— ¡No, no—gritó Satanás al oír esto—no me pongan en esa cama! Yo le entrego el trato al joven.

—Joven—le dijo Lucifer— ¡vete! Ya no vuelvas. Satanás no volverá a molestarlos.

Al regresar a casa, se encontró con el ladrón Silva que le preguntó:

—¿Qué decían de mí en el infierno?

El joven le dijo que el diablo no había querido darle el trato a pesar de los pozos, pero con la amenaza de acostarlo en la cama del ladrón, muy pronto se lo había devuelto.

Cuando el ladrón Silva oyó estas palabras, se derramó lágrimas, se arrodilló, y en su mente le pidió a Dios que lo perdonara por todos los males y muertes que había cometido. El joven oyó como música que venía del cielo. Se le vino a la mente que Dios le había perdonado y salvado al ladrón Silva.

Después de mucho tiempo de caminar, se encontró con el ermitaño que quería saber cómo le había ido en su viaje.

Le explicó cada detalle de su visita al infierno, de Satanás y del ladrón Silva. Le dijo que estaba cierto de que Dios había perdonado al ladrón, porque se.había arrepentido.

—Si el ladrón Silva se va para el cielo, pues yo con más razón. Los ángeles del cielo me dan de comer.

En ese momento, se soltó un remolino de aire, y se levantó el ermitaño. No más quedó un olor muy fuerte a azufre. El ermitaño se fue a dar a la cama del ladrón Silva por haberse glorificado a sí mismo.

MANUEL MUÑOZ
Topeka, Kansas

EL DIABLO Y SAN PEDRO

San Pedro y el diablo hicieron un trato en cuanto a la cerca que dividía la gloria del infierno.

Para el lado que se cayera la cerca, el cielo o el infierno, ése tenía que arreglarlo.

Cuando se cayó para el lado del infierno, San Pedro le preguntó al diablo,

—¿No vas a componer la cerca?

—No, no quiero.

—Oye, pero a ti te pertenece.

—¿Qué me vas a hacer? ¿Me vas a demandar? No puedes demandarme porque aquí tengo todos los abogados.

MANUEL MUÑOZ
Topeka, Kansas

LA BRUJERIA

DOMINANDO A UNA BRUJA

Mi abuelita nos platicaba que había brujas que salían de casa e iban adonde había niñas chiquillas y les chupaban la sangre.

Una vez estábamos trabajando yo y otro muchacho cuidando los animales de un señor cuando cayó un aguacero tan fuerte que no pudimos llegar a la casa. Nos quedamos arriba de unas piedras.

Seguía lloviendo cuando vino una lucecita caminando entre las nubes.

—¿Quieres ver a esa bruja? —me dijo Juan, el otro muchacho.

Le dijo que yo no creía lo que mi abuelita me platicaba. Pero Juan dijo que él sí creía lo que su abuelita le había dicho de las brujas y que él sabía la oración para que se acercara la bruja.

Juan llevaba una faja larga como de unos cinco o seis pies de larga en la cintura. Empezó a rezar, y cada vez que llegaba a cierta parte del rezo, él echaba un nudo a la faja. Aquella luz se venía acercando. El seguía rezando, y cuando ya terminó de echar los nudos a la faja, llegó esa bruja adonde estábamos nosotros. Traía unas alas que parecían como si estuvieran amarradas a las manos. Ella le pedía a Juan que la dejara ir. Pero él no la quería dejar ir.

—¿Por qué andas tú en estas horas de la noche y con tanta agua? —le preguntó.

—Por favor, déjame ir—respondió ella.

Por fin, comenzó a rezar otra vez y a saltar los nudos de la faja.

—Te voy a dejar ir—le dijo luego que ya terminó.

Luego se fue, yo tras él, y la aventó al río. El río la llevaba con mucho fuerza, pero ella, de una manera otra, se salvó y salió al otro lado. Después de salirse del río, se levantó del suelo, y se voló.

Esta es la historia de lo que yo vi con mis ojos a los diez años en Cuerámaro, Guanajuato, México.

SABINO MARTINEZ ARRAYO
Manhattan, Kansas

LA RECHAZADA Y EL HIGO

Mi tía iba a casarse con un muchacho que había vivido con otra mujer por tres años sin casarse con ella. Esta muchacha, muy triste, porque no quería quedarse sola, dijo que no los iba a dejar casarse.

Un día, apareció un higo bien maduro en la ventana, y mi tía se lo comió. A las seis horas mi tía se sintió muy triste y se quiso matar. Cogió unas tijeras y se las enterró en el estómago. La llevaron al doctor, y ella le dijo que se quería morir.

Como mi abuela tenía dinero, la llevaron a pasear a México, a Torreón y a Monterrey. Seguía siempre triste.

Cuando regresaron al pueblo, el novio la esperaba porque todavía quería casarse con ella. Hicieron todas las preparaciones.

Quedaban cuatro días para la boda cuando un día mi tía, de repente, se levantó y se dejó caer en una noria, un pozo con agua limpia. Tardaron siete horas en poderla sacar.

El doctor le dijo que jamás volvería a andar porque se había cortado un nervio del espinazo.

Seis horas después de la operación, mi tía anunció que se sentía muy contenta y que quería vivir. Así era que vivió muy feliz aunque no podía caminar.

Un día la mujer del novio de mi tía les dijo a unas amigas en un restaurante que ella había sido la que no había permitido el matrimonio.

Al saber esto, mi tía la mandó llamar para preguntarle qué era lo que había hecho. Ella recordaba que a pesar de que había querido mucho a su novio, que se había querido matar. Se preguntaba por qué sentía ahora con tantas ganas de vivir aunque no podía tener una vida normal.

La mujer le dijo:

—En ese higo iban cabellos míos que te dieron deseos de matarte.

—Ahora, ¿por qué estoy feliz?

—Yo sé que ya no vas a poder vivir con mi novio.

Mi tía murió muy feliz en su silla de ruedas.

MARIA PEREZ RIVAS
McPherson, Kansas

EL EMBRUJAMIENTO DE MI TIO Y MI ABUELA

Platicaban de un tío mío, Anicacio, que estaba enfermo con un estómago bien grande. Se decía que una comadre le había llevado una pieza de pan que le había hecho el mal.

Ya llevaba mi tío tres operaciones; cada vez le crecía más el estómago.

Decidieron llevarlo a un curandero porque querían que le curara la enfermedad. Este les anunció que él mismo iba a morir, porque temía que alguien lo agarrara y lo matara.

Para llegar a la casa del curandero, tuvieron que pasar un cementario todos los familiares de noche. El curandero los quería allí para que rezaran.

En la casa del curandero, en medio de una sala larga, el curandero prendió una lumbre de carbón y aceites e hizo que mi tío con su estómago grande brincara aquel carbón prendido. Le fue difícil, pero con la ayuda del curandero, lo hizo. Se oía por las ventanas y por las puertas como si un pájaro se quisiera meter adentro. Mientras mi tío brincaba la lumbre, todos rezaban. Se apagaron las luces, lo cual asustó a todos porque seguían oyendo ruidos.

El hombre que estaba curando se veía como si se estuviera ahogando. Ya no era mi tío el enfermo sino el curandero. Se alivió mi tío y se murió el curandero.

Mi abuela estuvo embrujada, también. A ella le gustaba tomarse un traguito en la mañana, antes de almorzar. Se encontró en la calle con una señora que le preguntó:

—¿Para dónde vas, Inés?

—Voy a comprar el café y ando buscando leña. Todavía no hago mi mañana. (Así le dicen al traguito que se toma en la mañana.)

—Ven, aquí tengo yo leña y yo te doy el traguito.

Sacó una botella que tenía tantito pero muy revuelto. Cuando mi abuela le preguntó qué era, la señora respondió que era sólo anís y le dijo que se lo tomara todo, pero mi abuela sólo se tomó un poco.

Antes de ese día mi abuela no padecía de nada, sólo los pies porque le salían callos. Siempre andaba trabajando todo el día, cociendo y haciendo pan.

Después empozó a estar mala. En el estómago le salieron unas ronchas, y los pies y las manos se volteaban anormalmente. Y se pasaba todo el día dormida.

Cuando llegaron los húngaros, uno le dijo:

—Te tienen enferma.

—¿Me vas a curar? —preguntó mi abuela.

—Sí, te curo. Dame un paño.

Agarró el paño limpio de mi abuela y le echó un blanquillo. Se veía la yema clara. Lo agarró por las esquinas y la estuvo bendiciendo.

Luego el húngaro y mi abuela se pusieron como si se ahogaran. Entonces dijo el húngaro:

—Ahora te voy a dar unos tres golpes en la cabeza y luego escupe.

Ella escupió, y el húngaro cerró otra vez el paño y los usó para bendecirla de nuevo. Cuando abrió el paño, la yema del huevo ya no era yema sino que era una madeja de cabellos. El húngaro dijo que alguien quería quitarle su voluntad.

Se alivió mi abuela, y le pagó al curandero con dos gallinas y tres pesos.

MARIA PEREZ RIVAS
McPherson, Kansas

LA BRUJERIA

Este incidente pasó aproximadamente en 1913 en San Roque, Guanajusto. Este caso pasó con los dos hijos de mi tía.

Su primer niño, a la edad de un año, fue chupado por una bruja y murió.

El segundo niño se llamaba Angel. Fuimos tomados por mi abuela, mi hermano, Ramón, y un primo nuestro, llamado Juan, a proteger a Angel.

Había una creencia que las brujas no entrarían a las casas donde había una persona llamada Juan.

Recuerdo aquella noche muy bien. Estábamos todos durmiendo en el suelo, los protectores con mi tía, mi tío y Angel. Mi abuela comenzó a dar gritos. Trató de despertar a mi primo, Juan, gritando que una vieja se había llevado al niño. Juan no despertó, pero mi hermano y yo sí, con un miedo grandísimo. Mi abuela encontró al niño cerca de la puerta con muchos moretones. En pocos días se murió el niño.

Para estos niños que las brujas chupaban, no había curación.

En este caso sólo recuerdo que miré una reflección de una luz muy brillante que encandilaba la vista.

CHENCHO ALFARO
Hutchinson, Kansas

MI SOBRINO Y LAS BRUJAS

No es bueno creer en las brujas, pero sí las hay.

Una de mis hermanas tenía un niñito de cinco años que lloraba mucho todas las noches. Lo llevaron con el doctor, pero él no le encontró ningún mal.

En el techo de la casa oíamos muchos ruidos diferentes.

Una noche mi hermana y su esposa se durmieron profundamente por todo el sueño que habían perdido cuidando al niño. Al siguiente día, mi hermana le dijo a su esposo:

—¿Oyes al niño? Tal vez se haya quedado dormido porque no lo he oído llorar.

Se levantó y lo encontró muerto. Inmediatamente fueron y le avisaron al dueño del rancho lo que había pasado. El, en seguida, llamó al doctor. Lo examinó bien pero anunció que no hallaba qué enfermedad había tenido.

Le encontró muchos moretones en todo el cuerpo como si alguien lo hubiera mordido. Otra cosa extraña fue que no le encontró sangre en el cuerpo. Parecía como si alguien le hubiera chupado toda su sangre de su cuerpo.

Después, unas personas que sabían de las brujas nos dijeron que las brujas habían matado al niño.

TEOFILA ALONZA
Hutchinson, Kansas

MI BISABUELO Y EL TECOLOTE

Según mi padre, alguien quiso hechizar a mi bisabuelo. Una noche, cuando estaba sentado en su patio, comenzó a cantar un tecolote. Tambien, maltrataba y blasfemiaba el nombre de mi bisabuelo.

El entró en su casa y sacó una escopeta de un tiro. Cuando este tecolote le maltrataba su nombre, disparaba un tiro hacia la voz en las ramas del mezquite donde andaba brincando el tecolote de una rama a otra.

Hirió al tecolote que andaba divirtiéndose tanto. Al día siguiente, se supo de una novedad muy grande. Un hombre vecino estaba herido de un balazo.

Siguieron el rastro de la sangre desde el mezquite donde mi bisabuelo había disparado su escopeta y fueron a dar hasta la casa donde estaba el hombre herido.

Se murió el tecolote, según la historia de mi padre.

CHENCHO ALFARO
Hutchinson, Kansas

LOS CUENTOS FOLKLORICOS

JUAN BUENO Y JUAN LOCO

Juan Bueno y Juan Loco eran dos hermanos que quedaron huérfanos. No más tenían su abuelita.

Juan Bueno se encargaba de su abuelita, porque era muy vieja. Le decía a su hermano que la cuidara también.

Un día, Juan Bueno dejó a Juan Loco con la viejita. Le dijo que si fuera a bañarse ella, que le ayudara a poner el agua a calentarse. Juan Loco fue y puso el agua, no a calenterla sino que la puso a hervir. Pues, se quemó la abuelita. El mismo la vino matando porque estaba loco.

Juan Bueno volvió y la encontró toda quemada y muerta. La sepultaron y se quedaron sin abuelita.

Después, los dos decideron irse. Tenían una puerca chiquita que se iban a llevar. Juan Bueno le dijo a Juan Loco que sacara la puerca. Pues, el muchacho entendió "la puerta" de la casa y se fue y arrancó la puerta. Arrancó la puerta y ya iba que apenas podía con ella cuando Juan Bueno vio.

—¡Ay! —dijo—pues te dije que la puerca, no la puerta.

FELICIA SANTOS SILVA
Manhattan, Kansas

¿POR QUE?

Un día los estudiantes de mi escuela sacamos al Santo Niño de Peyotes en una peregrinación de un rancho a otro donde rezábamos. Nos daban dulces de comer y una soda.

Esa noche cayó una tempestad terrible que mató a mucha gente y mucho ganado. Claro, nos dió miedo.

Al otro día, en la cantina, un grupo de hombres bromistas decidieron:
—Ahora vamos por la Virgen María para que vea lo que hizo el Santo Niño de Peyotes.

MARIA CARDENAS DE JUAREZ
McPherson, Kansas

LAS AVENTURAS DE LOS SRS. CACAHUATE

Había un cacahuate mejicano muy astuto que se vino a los Estados Unidos en busca de trabajo para mantener a su cacahuata y a sus tres niños y al otro que venía. Le dijo:

—Yo me voy al norte porque dicen que allí hay mucho dinero, y que además el dinero es cuate—dan dos por uno.

—Bueno, viejo, que le vaya bien—le dijo la cacahuata—pero tenga mucho cuidado con esas gringas, porque dicen que son muy enamoradas.

—Muy bien, vieja, pero no se preocupe. Ya sabe que estoy muy viejo, y no me cae muy bien eso.

—Bueno, entonces que Dios le ayude y que gane mucho dinero. .

Llegó el cacahuate a Juárez y cruzó la frontera en El Paso. Vio que había unos hombres con sobretodo, y decidió convertirse como ellos. Se quitó su jorongo y compró un sobretodo. Lo rompió, le hizo un hoyo, se lo embarcó y luego le sacó las manos para afuera.

Cuando no pudo conseguir trabajo, fue con el renganchista que le dijo que se fuera para Detroit donde había mucho trabajo.

Se perdió y llegó a Nueva York. No hallaba donde quedarse hasta que vio un letrero que decía: "CUARTITOS A 25 CENTS."

Se metió y le dijo al que se encargaba de la oficina que quería un cuartito.

—Muy bien, pero tenemos uno, nada más allá muy atrás, muy fuera de los servicios públicos.

—Bueno. ¿Por 25 cents?

—Sí, por 25 cents.

En el cuartito encontró una camita llena de papeles donde se acostó. En la mañana, al despertarse, aunque buscó, no encontró excusado. Decidió hacer la necesidad en un calcetín y lo hizo. Abrió la ventana para aventarlo para afuera sin fijarse en el hoyo en el dedo gordo del calcetín. Dió una vuelta para que saliera pronto y resultó que dejó una marca en todo alrededor del cuarto.

Cuando vió la recamarera el cuarto, llamó al dueño, el cual exclamó:

—¿Cómo haría éste este trabajo, esta pintura de este cuarto? Cómo no vas corriendo para que nos diga cómo lo hizo, porque es muy interesante. Así podemos pintar los demás cuartos y da muy buena vista.

Salió la recamarera pero no lo encontró.

De regreso para México, casi lo pusieron en el penitenciario de Leavenworth, pero por fin, llegó a El Paso.

Doña Cacahuata lo esperaba en México creyendo que traería pesos. Don Cacahuate llegó, pero no traía más que puro piojo.

—Oiga, vieja, sabe que no hallaba nada que hacer. Pero ahora vengo por ustedes, y nos vamos a ir todos.

—Pero, don Cacahuate, el niño tiene viruelas y no nos dejan pasar.

—Vamos, vieja, por contrabando nos pasamos.

Cruzaron la frontera.

—Pues, don Cacahuate, ahora ¿qué vamos a hacer aquí? El renganchista dice que no hay trabajo.

—Ahora verá. Déjeme ir para ver que hay por allí en los callejones.

Se fue, y cuando, al fin, regresó, su esposa le preguntó.

—Bueno, ¿y qué?

—Pues, yo no hallé nada.

—Pero, ¿cómo no halló nada?

—Me pusieron en la cárcel.

— ¡Ah! Usted no sirve. Déjeme ir yo ahora.

—Andale, vaya usted, vieja. Yo me quedo aquí con los chavalos.

Caminaba por la calle doña Cacahuata, cuando vió un billete de cinco dólares en la calle. Lo levantó y se lo llevó.

—Mira, don Cacahuate, lo que me hallé.

—¿Qué se halló, vieja?

—Pues, un billete de cinco dólares.

—¡Ah! ¿Cómo se lo halló?

—Con la cara para arriba. ¿Cómo cree que me lo iba a hallar?

— ¡Qué vieja! Ya me fregó.

JOSE MIRANDA
Chanute, Kansas

EL CUENTO DE LA TORTUGA

Cuentan, hace muchos, muchos años, que había personas que entendían todos los idiomas de los animales — pájaros, burros, bueyes, vacas, chivas, tortugas, y peces.

Había un hombre cansado que tenía ganas de descansar. Se fue a la orilla de una presa y se sentó junto al agua. Como él entendía todos los idiomas de todos los animales, se dió cuenta de que estaba un grupo de animales — los peces, las lombrices, etc. — en el agua con un problema muy grande.

Se arrimaron a la orilla de la presa. Entonces, llegaron, también, pájaros de todas clases y de los animales que iban a tomar agua, como los burros, las vacas, todos.

Como esta persona los entendía, estaba disfrutando de lo que estaban hablando.

Dijeron unos:

—¿Saben que la tortuga está haciendo mucho daño? Aquí éramos muchos antes y ya no. Vamos a juzgar la tortuga. Hay que escoger jueces.

Escogieron a un pez, un pájaro, un burro y una vaca.

—Bueno, ¿qué piensan ustedes?

—Pues, hay que hacer algo porque esta tortuga está matando o comiéndose mucha "gente."

La persona, como los entendía, estaba muy contento oyendo.

—¿Qué propones tú? —preguntó uno.

—Yo propongo cortarle la cabeza.—otro contestó.

— ¡Qué bueno! —la tortuga dijo—Porque yo escondo mi cabeza en la concha.

Así es que se descortó la idea.

—Yo propongo—dijo otro—que la cortemos en pedacitos.

La tortuga sabía que su concha era tan dura que no le entrarían los cuchillos.

110

—Yo propongo que la echemos en la lumbre y que la quememos—otro sugirió.

—A mi concha no le pasa la lumbre, y siempre tengo agua para apagar la lumbre—respondió la tortuga.

— ¡Qué barbaridad!   ¡Sí que es muy inteligente! —exclamó uno.—Con razón está acabando con la "gente" aquí.

—Yo sé ya lo que hay que hacer—propuso uno,—vamos a echarle al agua.

—Como son ingratos, me echan al agua porque me ahogo—la tortuga dijo.

La echaron, y de momento la tortuga sacó la cabeza y dijo:

— ¡Qué bueno que me echaron al agua!   Muchas gracias.

SOTERO H. SORIA
Wellington, Kansas

EL ARBOL

¿Quién es el mejor amigo del hombre?

Unos dicen que es el perro. Otros dicen que no, que es el burro porque éste ayuda a cargar, y se usa como camión o carro para muchas cosas. Ese, sí, que es un amigo.

Otros indican que será la gallina porque da blanquillos, mientras que unos creen que es el gallo porque nos despierta en la mañana con sus cantos.

Ningunos de los mencionados lo son.

Pues entonces, ¿quién es el mejor amigo?

El mejor amigo es el árbol.

¿El árbol?

Pues sí.

Y ¿por qué?

Sencillamente, el árbol, cuando uno nace, de él hacen la cama donde va a estar después que ha nacido. De allí se hace la mesa para comer y la silla para sentarse. Toda clase de instrumentos de labranza se hacen del árbol. Detiene la tierra y ayuda a traer las lluvias. En algunos lugares donde se han talado los bosques, se ha resentido la escasez de la lluvia por la falta de árboles. El árbol, también, sirve como energía. Se usa en las estufas para calentar el hogar y para cocinar. Las cenizas, también, se usan para abono para ciertas plantas como el nopal. Por lo último, cuando se muere una persona, del árbol sale la caja que la acompaña.

Por eso, el árbol es el mejor amigo del hombre desde su nacimiento hasta la tumba.

SOTERO H. SORIA
Wellington, Kansas

LA INGENIOSIDAD DEL CALVO

Un señor que fue al pueblo con mucho dinero tenía miedo de que se lo robaran. Entró en una tienda y le dijo al señor de la tienda que no quería perder su dinero. El dueño le dijo:

—Déjemelo aquí, que estará muy seguro.

Se lo dio diciéndole que mañana volvería por su dinero.

Al otro día regresó a la tienda, y el señor no se lo quiso dar.

—Señor—le dijo—, déme mi dinero.

—¿Qué dinero? Yo no tengo ningún dinero suyo.

—Pero, sí, lo dejé aquí ayer.

—¿Cómo lo puede probar?

El dueño del dinero visitó con un abogado, pero éste le dijo que no podía hacer nada sin pruebas. La única cosa que pudo hacer el abogado fue avisarle que fuera a misa el domingo y que se fijara en el hombre que fuera el más calvo, y que le contara su problema.

Al salir de misa, le habló a uno que no tenía nada de pelo y le contó sus penas.

—Yo no soy abogado—le dijo el calvo.

—Pues, ya he visto a un abogado. Me da vergüenza decírselo, pero él me dijo que viniera a misa en busca de un hombre pelón, y usted es el más pelón que he visto. Yo le pago.

—Bueno—dijo el calvo—, mañana voy a la tienda con usted, pero déjeme a mí entrar primero. Luego que ya esté yo dentro, espere un ratito, entre usted y pida su dinero. El dueño se lo dará.

—¿Me lo da?

—Sí, se lo da.

Al otro día el calvo entró en la tienda y le dijo al dueño que tenía un problema, porque traía mucho dinero y no sabía dónde dejarlo. El dueño le aseguró que podía dejarlo allí.

En ese momento entró el otro hombre y pidió su dinero. El señor de la tienda le dijo:

—Tenga, aquí está su dinero.

Tan pronto como salió el hombre con su dinero, el dueño le dijo al calvo:

—Oiga, ¿y el dinero que iba a dejar aquí?

—¿Qué dinero? Sólo estaba soñando que yo tenía mucho dinero.

MANUEL MUÑOZ
Topeka, Kansas

LA NIÑA HUERFANA Y LOS POLLITOS

Había una huérfana muy buena y trabajadora que vivía con su abuelita. Aunque cuidaba todas las gallinas, y hacía muchos quehaceres, su abuela era muy dura con ella.

Un día oyó a la niña riéndose y salió para ver lo que estaba haciendo. La niña estaba cogiendo pollitos, cortándoles la cabeza, poniendo los cuerpos a un lado y las cabezas al otro lado. Le dijo:

—¿Qué andas haciendo, traviesa? Estás matando los pollos.

—No, abuelita, éste es un juego nuevo.

Luego cogió el cuerpo de un pollito, le puso la cabeza, y corrió el pollito vivo otra vez. Era su manera de divertirse.

ANNA L. JUAREZ
McPherson, Kansas

UN JUEGO DE PALABRAS

Un borracho venía con una botella de tequila cuando vio venir a un padre y una monja.

—Hijo, me van a agarrar. Me van a regañar.

Pues, estaba un árbol allí. Se subió arriba del árbol.

Luego, ya vinieron el padre y la monja. Ella dijo:

—Mira, que ésta es una sombra. Aquí nos esperamos.

—Bueno, ¿qué pasa? —le preguntó el padre.

—Que vas a ser papá—le dijo la monja.

—¡Válgame, Dios! ¿Cómo lo mantengo yo? —exclamó el padre.

—Pues, que lo mantenga El de Arriba.

—Pos, con un diablo. Yo, ¿cómo lo mantengo? Yo no tengo nada— dijo el borracho.

BARBARA HERNANDEZ
Newton, Kansas

LAS
COSTUMBRES

LOS PRIMEROS PASOS

Cuando piden a la novia, tiene que ir el padre del templo a pedirla. Si acepta, el papá de la novia pide seis meses de plazo para darla.

Por esos seis meses no está la novia en casa de su papá. Tiene que estar en casa de unas amigas de ella. Y el novio tiene que pasar diariamente como si ya fuera su esposa y tiene que soportarla.

El día de la boda, les sirven a los novios un desayuno de chocolate, pan mexicano y algunas bebidas que les gusten.

Ya después de que se casan y que viene la familia, buscan sus padrinos para llevarlos al bautismo. Los padrinos tienen que comprar la ropa para el niño y luego hacer una fiesta con suficiente comida. A veces si tiene la comodidad, el padrino hace baile, también.

Cuando salen del templo tiran dinero que dicen "el bolo" para aquellos muchachos chicos que esperan. Lo tiran al viento, y los chicos andan a la carrera juntando el dinero que tiran.

—El bolo, el bolo, porque si no, el niño va a salir pedorro—les gritan los chicos a los padrinos.

También, era costumbre que en caso de la muerte de los padres, los padrinos tenían el derecho de recoger a sus ahijados y adoptarlos, como lugar de la mamá y del papá.

SABINO MARTINEZ ARRAYO
Manhattan, Kansas

UNA BODA RANCHERA

Una pareja se casa por la ley civil y luego por el templo. Cuando sale del templo, el acompañamiento del novio, todos en caballo, y el acompañamiento de la novia en caballo, también, los saludan.

Cuando salen ya del pueblo, se van a la carrera, por un lado el acompañamiento del novio y por el otro lado el acompañamiento de la novia.

Al llegar a la casa, ya tienen mariachis tocando, llegan a la carrera con todo gusto. Avientan balazos al viento y están muy gustosos.

Tienen suficiente comida; a veces matan una res o dos o tres puercos. Tienen barbacoa y diferentes potajes de comida. Hacen una comida que se acostumbra del guajolote mole, sopa guava, arroz y frijoles con tortillas de maíz. Todo está muy sabroso.

A veces tienen las mesas para comer debajo de la sombra de los árboles. No entran para dentro de la casa. Así es que es muy bonito.

Están muy alegres aunque no sean hombres de mucho capital. Si son hombres que tienen dinero por los dos lados, hacen dos días de boda y de baile. Un día el papá casa a su hijo; el segundo día el papá casa a su hija: la boda y la tornaboda.

SABINO MARTINEZ ARRAYO
Manhattan, Kansas

EL MATRIMONIO DE MIS PADRES

Mi mamá me dijo que cuando se casó con mi papá que apenas lo conocía. En un baile se conocieron, pero como los padres los estaban cuidando como águilas, mi padre le dio una carta a mi mamá. Se la llevó a casa, la leyó, pero no le puso importancia. Pensaba que mi papá tenía más interés en mi tía. En aquellos días, todo era a escondidas, unas cartas, unas palabras, y corrían.

Llegó el día en que la fueron a pedir. Mi papá no fue sino que se valió de gente importante que mi abuelo respetaba. En unos pocos días, volvieron por la respuesta. Mi abuelo mandó traer a mi mamá y le preguntó si se quería casar. Ella dijo que sí.

MIGUEL GARIBAY
Manhattan, Kansas

LA FAMILIA MEXICANA

Por lo regular, las familias mexicanas son grandes. Ahora puedo apreciar como aquellos padres tuvieron el talento para poder dirigir a sus familias que, en realidad, eran muy unidas. Eran muy dedicados con su familia. Desde ciertas edades les empezaban a inculcar el respeto, la obediencia y la humildad.

El padre era la suprema autoridad en la familia, pero cuando los hijos empezaban a crecer, el padre se encargaba más de los hijos enseñándoles las labores. La madre, por consiguiente, les enseñaba las labores domésticas a las hijas. Siempre se preocupaban de que sus hijos fueran honestos.

Después de la cena, pedíamos permiso a nuestros padres para ir a jugar con nuestros vecinos. Aquellos juegos eran sencillos y alegres.

En uno de los juegos, las gallinas y el coyote, se agarraban un grupo de muchachos y muchachas por las manos. Uno, el coyote, trataba de agarrar a una de las gallinas, pero los demás le dábamos patadas para que no se la robara. Por fin, llegaba el momento en que agarraba a una y se la llevaba.

Naturalmente, cuando ya tenían cierta edad, se iban separando las mujercitas con las mujercitas y los hombres con los hombres. Siempre eran los padres y las madres muy celosos.

Cuando pensaban los hijos en buscar matrimonio, los padres les daban buenos consejos. Por ejemplo, la madre siempre le inculcaba a la hija que fuera

117

una buena esposa y que obedeciera a su esposo. Estas madres siempre procuraban que sus hijas fueran vestidas honestamente a la iglesia y a las fiestas. En aquellos tiempos, una joven nunca daba a ver su cuerpo descubierto. Los padres les recomendaban a sus hijos respetar a las señoritas.

En aquellos tiempos a un joven no se le permitía que fumara enfrente de un anciano, menos sus padres. También, si una persona de edad le pedía, por ejemplo, un vaso de agua, el joven se lo daba en la mano, se quitaba el sombrero y esperaba que le devolviera el vaso. En esos tiempos los jóvenes se eximían de hablar malas palabras delante de sus mayores. Estos eran actos de respeto que venían de generación en generación.

Mi esposa y yo nos sentimos felices por el modo en que nuestros padres nos criaron.

SOTERO H. SORIA
Wellington, Kansas

LA VANIDAD DE UNA MUCHACHA BONITA

Para hacernos portarnos bien y hacernos aprender cómo hacer bien los quehaceres, mi mamá nos platicaba de una cierta muchacha bonita. Tenía tanto orgullo en su belleza que no aprendió cómo cocinar, limpiar la casa ni nada. Y sus padres no la hicieron aprender.

Cuando se casó, su marido no pudo aceptar su falta de experiencia con los quehaceres de la casa y se la llevó a la casa de sus padres diciéndoles que no la devolvieran hasta que supiera cómo portarse como una señora de casa.

DOLORES RODRIGUEZ KING
Ulysses, Kansas

LA FUGA

Cuando mi abuelito se llevó a mi abuelita a la edad de catorce años, su papá dormía en la puerta de la cocina. Era una choza de solo dos cuartos. Pero mi bisabuelo no pensó en que el adobe podía escarbarse muy fácilmente.

Mi abuelo hizo un hoyo en la esquina de la cocina al tamaño de mi abuelita para que cupiera. Le dijo mi abuelita:

—Pero, Refugio, mi papá está dormido y tiene pistola a la punta de la mano.

—Yo, también, traigo pistola—dijo mi abuelito.

Pero mi abuelita no quería irse con él. Ella quería a otro muchacho.

En esos días las casas tenían defensas hechas de ramas con muchas espinas. Estas defensas eran altas. Había un árbol fuera de la defensa. Ese muchacho de quien se creía enamorada se subía arriba del árbol siempre alto para poder alcan.-

zar a platicar con mi abuelita. De allí le aventaba dulces.

Pero mi abuelito era mucho más grande de edad y en pensamiento que el otro, de manera que ganó a mi abuelita, y se la llevó, arriba de un caballo blanco y bonito. Se subieron a una loma, y desde allí vieron a su papá con una linterna, muy abajo en el valle, buscándola.

Mi abuelito no iba solo aquella noche porque no podía robársela sin testigos. El tenía que entregarla para poder casarse con ella. Porque no tenía padres, fue y la depositó con una tía de él.

Otro día, el tío regresó a hablar con el papá de mi abuelita para pedirla en matrimonio para mi abuelito. Su papá, muy enojado, le dijo que no, que ella estaba muy chica.

Mi abuelita fue depositada, por su padre, en un lugar que ella llamaba "El Depósito." Era como un convento, muy estricto y muy religioso. Había unos retablos que eran como retratos pintados en las paredes. Hasta se estremecía de tan grandes y de tan asustones que eran aquellos retablos. Los penitentes que estaban allí se golpeaban con un lazo de tres colas hasta que se sacaban sangre de la espalda.

Seis meses duró ella, allí depositada como castigo por haberse ido. A los seis meses le dio mi papá grande (mi bisabuelo) permiso para que se casara.

ELSIE GONZALEZ
Newton, Kansas

DIAS DE FIESTAS

Los días de las fiestas eran muy bonitos. Para unas celebraciones los niños de las escuelas se paraban arriba de las tribunas para dar sus discursos y presentar poemas patrióticos.

También, en aquellos días, había una competencia en que se usaba un poste engrasado. Arriba del poste estaba una pequeña tabla con una cobija que contenía dulces y otras cosas buenas. La idea era ser el primero en subir y agarrar los regalos.

MIGUEL GARIBAY
Manhattan, Kansas

LA VIDA DEL CAMPO

Nos juntábamos un gran número de muchachos en el campo. Había maíz, mezquite y semillas de calabazas que tostábamos y comíamos. También, tostábamos garbanzos para comer.

Ibamos allí cerca del cerro donde había muchas frutas que comíamos. En los árboles había frutas que se criaban, como guayabas y zapotes. Otras hierbas

119

eran la tuna blanca y la tuna mansa. Había frutilla, una hierba muy sabrosa. También, sacábamos camote del cerro.

Lo mismo, comíamos mucha caña de Castilla que usan para hacer azúcar. Ibamos a los cañaverales a ayudarles a los hombres que las plantaban. Pues, había mucho que comer si uno les ayudaba a aquellas personas por nada.

Un gran número de muchachos jugábamos diferentes clases de juegos como el colorín y la canica.

En el cerro donde había animales sueltos, los jineteábamos como hacen los vaqueros. Como éramos muy traviesos con los animales, a veces, nos tumbaban. Pasábamos el tiempo muy felices y nos divertíamos mucho cuando no trabajábamos.

SABINO MARTINEZ ARRAYO
Manhattan, Kansas

EL DIA DE LOS MUERTOS

Era un día alegre cuando se hacía pan, dulces y calaveras de todas formas. Se adornaban los camposantos adonde iba la gente para hacer un día de campo. No era un día de miedo; era un día de celebrar.

MIGUEL GARIBAY
Manhattan, Kansas

LAS POSADAS

En donde nacieron mis padres se acostumbraba celebrar la Navidad con alabanzas en preparación para las fiestas de Navidad.

Mi mamá nos platicaba que eran los días más grandes para la iglesia católica en México. De la gente de la hacienda donde vivía se escogían los Reyes Magos, los ángeles, la Virgen, y el Niño Jesús.

Las noches de las Posadas todos se reunían en una orilla de la hacienda y cantando llegaban a la primera casa y pedían posada. Allí, los de adentro decían que no tenían lugar para recibir al Niño Jesús.

De allí seguían cantando sus alabanzas. En diferentes lugares recibían la misma respuesta hasta que llegaban al lugar que había sido preparado para recibir al Niño.

En esa casa estaba ya preparado todo para la celebración.

Las fiestas empezaban antes de la Nochebuena y continuaban hasta el 6 de enero. Todas las noches había bailes, comida y cantos.

Al llegar a Garden City, un tío de mi papá organizó posadas allí. Por varios años continuaron celebrando las posadas como las habían hecho en México.

DOLORES RODRIGUEZ KING
Ulysses, Kansas

UN ASPECTO DE LA SEMANA SANTA

Durante la Semana Santa en ciertos días se podía hacer ciertas cosas. Como para el Jueves Santo, ya no se podía lavar ropa, planchar ni tocar la radio. Ibamos a la iglesia. El Viernes Santo no se podía comer carne, se sacaban platos como torta de camarón, pescado, lentijas y capirotadas. Pasábamos el tiempo cosiendo o bordando. Era una semana de gran solemnidad.

JOSEFINA GARIBAY
Manhattan, Kansas

LA SEMANA SANTA

Cuando el Señor muere, no se festejaba con baile. El pueblo escogía a un hombre para hacer el papel de Jesús. Primero, lo ponían como en una cárcel. Luego, la procesión empezaba en la plaza. Iba cargando una cruz. Iba con la corona puesta de espinas. Se caía tres veces como lo había hecho Jesús. Otros le ayudaban. Llegaba la hora de su muerte, y adentro de la iglesia, unos que les decían nazarenos, lo cargaban tendido con la Virgen María detrás. Estaba prendida la iglesia toda la noche, y los nazarenos no le dejaban solo. Se cambiaban hasta que era la hora de Su Resurrección.

GREGORIO MUJICA
Garden City, Kansas

EL PODER DE LAS HIERBAS

Mi abuelita, como ya era muy señora grande, curaba. Yo le traía hierbas que se dan en los cerros: el hisopo, la sabina, el jobo, el ruibarbo y el palo áloe.

En el pueblo donde nací y me crié, no había doctor. Ella curaba personas que se golpeaban y que se lastimaban con medicinas de hierbas. Ayudaba a las mujeres que iban a tener algún niño como doctora sin ningún estudio. Quedaba muy bien, porque había algunas mujeres con cinco o seis hijos que nunca se quejaban de alguna enfermedad que les quedara.

Ella sabía muchas medicinas. Ella decía que Dios le dio de conocer hierbas que podían ayudar a la gente.

SABINO MARTINEZ ARRAYO
Manhattan, Kansas

LA CRUZ DE SAL

Mi suegra era del estado de Michoacán y su creencia era de sus abuelos. Cada vez que venía una tempestad, se rezaba la Magníficat, y se hacía una cruz de sal para donde venía la tempestad. Es tanta la creencia en la cruz de sal que aquí nunca llegué a ver un tornado y nunca tuve miedo con esa cruz de sal. También, nuestros hijos han seguido con esta costumbre.

MARIA L. CARDENAS DE JUAREZ
McPherson, Kansas

LA SEÑORA Y LA ARAÑA

En Villa Unión, Coahuila, había una señora que tenía ocho hijos. Como su esposo estaba en los Estados Unidos, un señor quería tener amistad con ella, pero ella nunca aceptó. El le dijo:

—Te vas a arrepentir.

A los dos días, la señora se paralizó todo. El doctor dijo que tenía una embolia. Varios doctores opinararon que no tenía remedio. Ya llevaba ella cinco días sin hablar sin moverse ni nada.

Como no tenía dinero, el pueblo decidió ayudarla. Se la llevaron a otro pueblo donde había un hospital muy bueno. Los doctores dijeron que no tenían remedio y que sólo un milagro de Dios la salvaría.

Una vecina recordó que Juan, el hombre que le ofreció su amistad, había dicho que ella se iba a acordar de él por no haberlo aceptado.

Entonces todo el pueblo pensó que no iban a poder encontrar a nadie que la curara, pero era tan buena señora que decidieron cooperar con un señor que dijo que podía curarla por quinientos pesos. El curandero dijo que no le hasta que la señora estuviera buena y sana. El juez, que era mi papá, aunque no creía, aceptó.

El curandero anunció que haría su curación en tres días. Nadie vio cómo la curó, pero al segundo día, ya se movía un poco. Al tercer día, abrió los ojos y dijo:

—¿Ya cenaron todos, hijos?

El curandero dijo que el hombre que la había enfermado, le había puesto una araña en el corazón y que él se la había quitado.

Mi papá, que, como he dicho antes, nunca creía en esas cosas, fue y habló con los doctores del hospital. Decidió que había sido un milagro de Dios.

MARIA L. CARDENAS DE JUAREZ
McPherson, Kansas

LA CURANDERA DE JUAREZ

Un día un esposo le trajo una manzana a su esposa. Le dio la mitad de la manzana que estaba mala. Esa noche se vino a la casa con la otra mujer, y su esposa ni se dio cuenta.

Empezó a seguir mala, y la llevaron con el doctor. La examinó. Creía que era un tumor en el estómago. Su estómago le siguió creciendo mucho.

Entonces, en este tiempo, vino una señora viejito y le dijo:

—Mira, en Juárez está una señora que cura.

Pues, mi mamá, mi abuela y yo fuimos con ella para Juárez. Estaba tan feo allí cerca del río con unas casitas hechas de paja con puertas de costales muy oscuras.

Fuimos pasando muchas casitas hasta que llegamos hasta donde estaba la señora. La metieron, pero no me dejaron entrar. La acostaron. Yo las oía rezando y quemando una cosa muy fuerte. ¿Quién sabe qué sería lo que estaban quemando? Estuvieron rezando y quemando todo eso bastante tiempo. Le prendieron velas y todo.

Al fin, la curandera viejita dijo que tan pronto como se aliviara la esposa, que se iba a morir el que la había enfermado. No supieron si fue el esposo o la mujer que se llevó que la había enfermado pero . . .

Después de acabarla de curar, la trajeron para la casa. No volvimos a verla hasta entre un año. Cuando fuimos, estaba muy aliviada. Ya no tenía el estómago hinchado, ni nada. Sí, la alivió la señora ésa, la curandera.

Esta es una historia nada más de esas señora curanderas.

BARBARA HERNANDEZ
Newton, Kansas

LA ESCLAVITUD EN LAS HACIENDAS

Ese gobierno de Porfirio Díaz nos tenía brutos en las haciendas. Había escuelas para los señores que estaban algo arrimados al rico. Pero no hacían caso de los pobres.

Yo comencé, cuando era chiquito, ganando doce centavos al día. Eramos como cincuenta o sesenta bajo un mayordomo que trabajábamos en el manojo de trigo. Habían unas carretas a donde corríamos con los manojos de trigo para echarlos. Cuando ya se iban llenando un poco, un hombre grande se agachaba y aventaba el manojo a otro hombre que andaba arriba. Si los muchachos no tenían bastante de prisa, el capataz les daba golpes en las patas. Era una esclavitud ingrata.

Fui preso yo cuando era chico porque no quería trabajar en trabajos muy feos que no podía. Me venía de los campos cuando me agarró un Rafael Andrade, el achichinque de la hacienda, y me presó. Tres noches quedé en un calabozo. El hombre que más tarde sería mi padrastro se iba a quedar conmigo después de llegar del trabajo.

Un día me fui y me senté en el portón al lado del guardia. Lo oí exclamar:

—Allí viene el patrón, uno de los grandes, y te va a ver. A mí me va a regañar.

—Oye, chavalo, ¿qué estás haciendo allí? —me preguntó el patrón.

—Pues, señor,—contestó el guardia—está preso. No más lo dejamos salir a la puerta.

—¿Preso, ese muchacho?

—Sí.

—¿Quién le dijo que lo presara?

—Don Rafael lo trajo.

—Pues, que ya se vaya a casa.

Me dejaron libre.

GREGORIO MUJICA
Garden City, Kansas

UNOS RECUERDOS DOLOROSOS DE 1918

El tiempo de los terratenientes hacendados fue para la gente mexicana y humilde una cosa terrible. Los trabajadores trabajaban desde el amanecer hasta el anochecer por un salario que no era suficiente para poder subsistir con sus familias.

Yo recuerdo que cuando yo tenía unos seis o siete años, nos hacían, por la fuerza, que fuéramos a trabajar recogiendo el trigo y poniéndolo en las carretas jaladas por los bueyes.

El mayordomo nos formaba a todos, según la cantidad de jóvenes que éramos, y con el chicote que siempre llevaba, nos daba un chicotazo a cada uno. Nos decía que era para que nos calentáramos. Naturalmente, nos calentábamos. Saltábamos y brincábamos como un chivo con gritos de dolor del chicotazo. ¿Cómo no íbamos a correr a trabajar con este miedo?

De esos tiempos no quisiera ni acordarme.

SOTERO H. SORIA
Wellington, Kansas

UNAS AVENTURAS DE DOS GANADEROS

En otra época, mi primo y yo, como siempre andábamos juntos, trabajábamos de ganaderos.

En el tiempo de las secas, allá en Zaragoza, se pone muy escaso el pasto; así que mi primo y yo, cada año, llevábamos los animales a comer a Santa Rita hasta que ya era el tiempo para preparar la tierra.

En esta ocasión, nos fuimos a pie con el ganado sin burros. Para protección, yo llevaba una pistola treinta y ocho con una fajilla cargada de tiros. Mi primo, también, llevaba pistola. Nos fuimos bien con tortillas, chile, sal y todo.

Llegamos allá a donde íbamos a dejar el ganado. Ese dueño tenía un niño más chico que nosotros. Empezamos a hacernos, mi primo y yo, como si nos fuéramos a pelear y sacamos nuestras dagas. Estuvo el pobre niño llorando y gritándoles a sus padres que nos íbamos a matar. Dejamos de jugar para no asustarle más al niño.

De regreso, pasando por el cerro, llegamos a un lugar descubierto donde había una lagunita. Nos llenamos de agua, y mi primo se quedó viendo derecho a una cosa en el agua.

—Mira lo que está.

—¿Qué está?

Pues era una calavera de gente. Empezamos a ver muchos esqueletos tirados allí. Nos dió mucho miedo, y queríamos salir de allí, pero ya se hacía tarde y andaban rondando unos coyotes. Recordé haber leído que para que no se arrimaran los animales del campo que había que hacer una lumbre. La hicimos y nos dimos cuenta de que daban vuelta los animales. Le dije a mi primo:

—¿Sabes que si nos dormimos no va a haber lumbre. Yo creo que estos animales están impuestos a comer carne humana.

Entonces nos subimos a un árbol y nos amarramos con las fajas. Cuando se acabó la lumbre, vimos como nos rondaban los animales. Tanto miedo teníamos que no nos acordábamos que teníamos armas.

Al otro día, al amanecer, nos levantamos y volvimos a caminar. Ya íbamos sin tortilla, sin comida, sólo con un poco de sal. Cuando llegamos ya a la casa era muy de noche y estábamos muy malos del estómago.

Un día mi primo le preguntó a un tío suyo muy anciano por qué había tantos esqueletos en un lugar que no era panteón. El nos contestó:

—Mira, muchachos, por ese cerro, allí fue donde emboscaron a unos revolucionarios.

JIM MARTINEZ
Hutchinson, Kansas

LA TRAMPA DE LOS INDIOS

Mis abuelos vivían en el estado de Chihuahua en México. Allí vivían en la sierra los indios tarahumaras.

A mi abuelo le gustaba mucho andar en la sierra. Los indios lo querían bien que ya se conocían bien allí. El iba y comía y andaba con ellos. Iban al monte a agarrar animales.

—Oye, compañero, ¿no quieres comer con nosotros ahora una comida muy buena? —le dijo, un día, un indio.

—Sí, ¿qué me vas a dar de comer? —le contestó mi abuelo.

—Te vamos a dar gallina.

Luego le sirvieron los pedacitos de carne en un platito. Estaba cortada en puros dedacitos.

Mi abuelo se la comió comentando:

— ¡Ay, qué gallina tan sabrosa!

Cuando se la acabó, el indio empezó a echar carcajadas y dijo:

—¿Cómo te gustó la víbora?

Luego se levantó mi abuelo porque quería correr y escupir todo. No sabía que le habían dado esas víboras grandotas. Se fue para la casa muy enojado condenando a esos ingratos.

BARBARA HERNANDEZ
Newton, Kansas

EL LOCO

Mi mamá viene de un pueblo muy chiquito en el que las luces de las calles eran muy pobres, especialmente en esos tiempos. Así es que todos caminaba en grupos porque nunca se sabía qué podría pasar.

Una noche mi mamá fue al cine con sus hermanas y primitas. Había historias que había un loco en el pueblo, un señor que, a veces, parecía muy normal, pero que podía hacer cosas muy terribles.

Venían con miedo, porque ya se había oscurecido. Vieron a un hombre andando y le pidieron si él las podía llevar a su casa, porque no querían seguir solas a causa del loco.

El les dijo:

— ¡Cómo no!

Mientras ellas caminaban hablando y hablando del loco, él iba muy callado y no decía nada.

Llegaron a la casa donde las esperaba muy apurado mi abuelito. Le explicaron al papá que ese señor las había acompañado. El abuelito le dio las gracias al señor, se despidió de él y cerró la puerta.

—Muchachas,—les dijo—¿saben lo que han hecho? Ese era el loco.

ANNA L. JUAREZ
McPherson, Kansas

EL HUESO

Encontraron a un señor muerto; se investigó, pero nunca supieron quién lo había matado.

El pueblo lo supultó. A los diez días el pueblo decía que se oía un quejido o ronquido muy feo a medianoche.

Como nadie sabía quién había sido el muerto a quien le faltaba una pierna, suponían que era el alma del muerto que venía por su pierna.

No la pudieron encontrar; así es que a medianoche estaba todo el pueblo dentro de su casa rezando. Todos tenían mucho miedo.

Como era mi padre el juez del pueblo, decidió que tenían que ver quién o qué era. Dijo que si era el alma del muerto, que tenían que decirle que no habían encontrado su pierna y que dejara al pueblo en paz.

Tres días estuvieron esperando el quejido pero no se volvió a oír. Pero las señoras que ya no podían soportar los nervios querían que siguieran esperándolo.

En preparación mi papá y otros fueron a la cantina para beber unos traguitos antes de buscar el quejido. Mi papá quería encontrarlo para decirle que no tenían su pierna.

Cuando, al fin, oyeron el quejido y vieron un bultito, ya creyó mi papá. Lo siguieron rumbo al panteón, lo pasaron, y el quejido siguió más y más lejos.

Había un jacal, una casita muy pequeña de un señor que cuidaba el ganado.

Cuando vieron que el bultito se metió dentro de la casa, quisieron meterse en la casita. El dueño salió y les preguntó qué buscaban. Mi papá dijo:

—Yo soy el juez y el alcalde del pueblo, el señor Gregorio Cárdenas. Hemos venido siguiendo un quejido y queremos saber qué es.

—No se apuren—contestó el señor—Es mi perra. Hace días se comió un hueso, y se le atoró. No hemos podido quitárselo. Cuando se siente desperado, se va al pueblo.

MARIA L. CARDENAS DE JUAREZ
McPherson, Kansas

LA MUERTE Y EL OJO

Mi tía tenía una amiga que se casó el mismo día que ella. El hijo de mi tía y la hija de su amiga jugaban juntos. Un día mi tía estuvo viéndolos bañar y jugar.

Se fue a otro pueblo para ver a su suegra, y cuando regresó, al siguiente día, venía con un dolor de cabeza que había tenido desde su salida.

Al entrar a casa, le dieron la mala noticia que la niña acababa de morir. Ni el doctor sabía lo que le había pasado. Entonces mi tía dijo:

—Yo te la maté, porque me quedé viéndolos jugar y no fui para cogerla.

La niña murió a las cuatro, y a esa hora se le quitó a mi tía su dolor de cabeza. Desde entonces mi tía tenía mucho cuidado cuando estaba con niños.

MARIA L. CARDENAS DE JUAREZ
McPherson, Kansas

EL HUEVO Y EL OJO

Hay una enfermedad llamada el ojo, Si un bien querido niño está enfermo, la madre tiene que quebrar un huevo y ponerlo debajo de la cama. La fiebre pasará del niño al huevo. La próxima mañana se puede ver el huevo cocido en forma de un ojo y el niño estará bien.

ELSIE GONZALEZ
Newton, Kansas

EL BORRACHO Y EL POLICIA

En una ocasión teníamos una cantina yo y mi hermana. Se puso borrachito un cliente. Llegó el policía de pasado, vio que el cliente estaba bambaleándose, lo agarró y empezó a llevárselo.
—¿A dónde me lleva? —le preguntó el borracho.
—Andale, vamos.
—Mire, jefe, cincuenta centavos. Déjeme levantarlos.
—No, lo caído, caído.
El borrachito se puso muy inteligente. Más adelante, se dejó caer diciendo,
—No me levante, jefe, lo caído, caído.

JOSE MIRANDA
Chanute, Kansas

EL SIGNIFICADO DE LA IGNORANCIA

Recuerdo todavía de los tiempos pasados en México cuando el noventa y cinco por ciento de la gente no sabía ni leer ni escribir.
Una vez encontré a un hombre más o menos de setenta y cinco años. Como yo era joven, él pensó que yo sabía leer y escribir.
Fuimos a un lugar donde estaba un edificio muy bonito. Vimos unas letras muy grandes y bonitas, pero no sabíamos lo que las letras decían.
—Pero, muchacho, ¿tú no sabes leer? —el viejo me dijo.
—No, ¿y usted?
—Pues, yo tampoco,—contestó el ancieno.
¡Qué barbaridad fue ciertamente!
En eso pasaba un caballero bien vestido.
—Oiga, señor,—le preguntamos,—¿qué quiere decir eso que está ahí escrito?
—La parte de arriba dice "Centro Educativo,"—el señor respondió.

—Y la parte de abajo, ¿Qué dice?

—Que la ignorancia ha perjudicado más que las guerras y las epidemias. Ciertamente no entendíamos lo que ese señor nos decía.

En el transcurso del tiempo volví a encontrar a ese anciano.

—Joven, ¿te acuerdas de mí y que nos vimos en tal parte, tal vez?

—Ciertamente que me acuerdo—yo le dije.

—Ya sé más o, mejor dicho, entiendo mejor lo que estaba escrito en aquel edificio.

——¿Qué pasó?

—Pues, fíjate. Yo tenía ganas de fumar, y me fuí por la calle levantando golillas de cigarro. Cuando ya tenía muchas para hacer un cigarro, me dije — ˆ Ahora, ¿en qué voy a hacer el cigarrillo? Pues fui en busca de un papelito. Encontré uno muy bonito como azul, o algo por el estilo. Bueno, pues luego allí hice el cigarrillo. Cuando ya lo iba fumando por la calle, se acercó un hombre y me dijo, "—Oiga, amigo, apague su cigarro." Me lo arrebató. Me preguntó, "—¿Por qué va usted fumando en ese papel? ¿No sabe usted que es un billete de cien pesos?" Le dije que no, que no lo sabía. Cuando él me dijo que yo era un ignorante, entonces supe el significado de la palabra ignorancia.

SOTERO H. SORIA
Wellington, Kansas

AYER Y HOY

LA MADRASTA Y LOS ENTENADOS

La madrasta les daba a sus hijos toda la carne y todos los vegetales. A sus entenados les daba el puro caldo.

Cuando llegaba la gente a visitar, le decía a la madrasta:

— ¡Ay, pero tus hijos, cómo están flaquitos, pobrecitos!

Al ver a los entenados, exclamaba la gente:

— ¡Mira, qué panzoncitos!

Pero la madrasta, por seguirles mal a los entenados, no comprendío que les estaba dando lo mejor que era el caldo con todas sus vitaminas.

A sus propios hijos los estaba enflaqueciendo porque les estaba dando lo que ella creía era lo mejor, pero era la pura carne seca y vegetales.

ELSIE GONZALEZ
Newton, Kansas

NUESTRO VIAJE A LOS ESTADOS UNIDOS

Yo me vine de México para los Estados Unidos el 17 de mayo de 1916. Tomamos el tren en San Francisco. Veníamos mi tío, Vicente, mi tía, Simona, sus tres niños, mi hermana, Feliciana, mi esposo, nuestro niño y yo. Mi mamá y mi papá aquí estaban desde 1908 y nos habían mandado dinero para que viniéramos.

Llegamos no más a Aguascalientes porque habían tumbado la vía. Estuvimos esperando allí en la estación mucho tiempo.

Todos estábamos pobrecitos pero traíamos mucha comida que nos habían echado nuestros familiares para que tuviéramos que comer.

Mientras esperábamos, venían muchos muchachitos y señoras pidiendo limosna. Teníamos que darles de lo que traíamos. Decía mi tío:

—No les estén dando la comida, porque se la van a acabar y después nadie les va a dar de comer.

Pero me daba lástima ver a las señoras con sus rebosos y se les miraba su carne. Yo les daba lo que podía. Pronto, se nos acabó. No teníamos casa ni salida para acá. Había un montón de gente esperando como nosotros.

Un día mi tío se nos perdió. No sé para dónde se fue o si él también se perdió en Aguascalientes. Mi tía lloraba. Todas estábamos asustadas porque no era la tierra de nosotros y no conocíamos a nadie. Al fin volvió cuando se hacía tarde. Mi tía le dijo:

—Vicente, ¿dónde estabas? Yo ya me apuraba por ti.

—Anda—dijo—me robaron la cartera.

Sería verdad o no, comoquiera, él traía nuestros papeles, nuestras fes de bautizmo y todo. Todo se perdió.

Al fin, llegó el tren y toda la gente corrimos para alcanzar coche. No alcanzamos coche, y nos subieron arriba de los vagones. Por todas partes había gente.

Llegamos quién sabe adónde. El caso es que nos subieron en un tanque de aceite. Nos subimos, porque ya no alcanzábamos en donde venir.

Llegamos a Torreón. Bajamos con las garritas que llevábamos bien ensuciadas de aceite. Allí estaba descompuesta la línea. Por todas partes había soldados y otras personas pobres. No traíamos ni que comer. Yo con mi criaturita y mi tía con su criaturita de pecho y otros dos. No más llorábamos. Algunos que estaban allí en sus puestocitos de vender nos miraban. Unos nos daban un traguito de café, un taquito o algo. Era mucho sufrir.

—Bueno—dijo mi tío— ¿quieren moler? Yo busco maíz. Pueden poner un nixtamal y hacemos tortillas.

—Pero, ¿cómo vamos a moler? —le dije yo.—No tenemos metate.

—Ah, pregúntenle a una de esas señoras a ver si tienen metate. A ver si se lo prestan.

Fuimos a un puesto pequeñito y le pedimos a una señora que nos hiciera el favor de prestarnos un metate.

— ¡Válgame Dios, señoras, Uds. están muy faltas de recurso! —dijo la señora.

—Pues, señora, vamos de camino y no sabemos qué hacer.

—Ahí está el metate. Hagan su gordas y coman. ¡Pobrecitos!

Los chiquillos lloraban por el hambre. Mi hermana agarraba al mío, lo volteaba boca abajo y andaba paseándolo.

Empezamos a moler el maíz, pero el metate estaba muy liso y no quería moler la masa.

Luego mi tía se paró y caminó a otro puesto pequeñito donde estaban haciendo tamales. Les preguntó si tenían un mejor metate.

—Sí, ¡cómo no! —contestó una señora.—Andale, pobrecita. Traiga su maicito y muélalo aquí.

Luego allí comimos. Pasamos la noche durmiendo en el campo. Muchísimos soldados estaban por todas partes. Ni podíamos dormir bien por el ruido y por no estar en casa.

Al otro día nos levantamos. Mi tío preguntó:

—¿Pusieron el nixtamal?

—Sí.

—Padrino—dijo mi esposo—vamos usted y yo a un molino y les molemos la masa. Así ellas pueden agarrar más y hacer más gordas.

—No, hombre, ¿cómo vamos a irnos nosotros?

Yo creo que le daba vergüenza. Mi esposo sí quería ir porque sabía que era mucho batallar para nosotras.

Como no quiso ayudarnos mi tío, lo volvimos a moler como pudimos y a hacer comida.

Por la tarde vino mi tío y anunció:

—Oigan, dicen que ya está la vía compuesta. Yo creo que nos vamos a ir ahora. Dicen que no más ya se forma el tren, viene y nos levanta. Muelan todo lo que tienen, echen las gordas y échenlas en una garra.

Toda la gente hablaba diciendo que ya iba a haber tren. Todos preparaban sus saquitas para estar listos. Queríamos agarrar coche para poder sentarnos en una silla. Los que ganaban, ganaban; los que no, nos fuimos otra vez encima del vagón.

Yo llevaba a mi criatura en mi reboso para que no se me fuera a caer. Se sentaba mi hermana a un lado y mi esposo al otro, y nos agarrábamos bien firmes. De vez en cuando, todos saltábamos. Volaban maletas, sombreros y chiquitos del tren. Las madres se querían caer, también, pero no las dejaban las que las detenían de arriba. ¿Cómo iban a quedarse vivos las criaturas que se caían? Toditas llorábamos. Rezábamos:

— ¡Ay, Jesús, María y José! ¡Qué Dios nos acompañe!

Fue un gran sufrimiento, pero, al fin, llegamos a Kansas.

Debíamos de haber llegado a la estación de ferrocarril de Deerfield pero llegamos a Newton. Mi padre mandó a mi hermano y a un muchacho que nos fueran a esperar en la estación de Deerfield, con su vagón y su caballito. Llegó el tren, y cuando nadie vino, ellos se fueron a la casa otra vez.

Por fin, llegamos a Deerfield, y un viejito que conocía a mi padre y que sabía que llegábamos, se encargó de nosotros. ¡Qué Dios le dé la Gloria! Nos saludó:

—Buenas tardes, señores. ¿Son ustedes la familia del señor Muñoz?

—Sí, ¿lo conoce? —contestó mi tío.

—Como mi mano, señor. Vinieron los chamaquitos a llevarlos. Cuando no los hallaron, se fueron. Yo estoy encargado del señor Muñoz. Síganme.

Nos fuimos con él a un garaje. Allí habló con un señor en inglés. ¿Quién sabe lo que le dijo? Luego trajo al señor. Este nos saludó, y aunque no sabíamos lo que nos decía, le dimos la mano.

—Este señor—nos dijo el amigo de mi padre—los va a llevar a la puerta de la casa del señor Muñoz. No tengan miedo ni se apuren. Está entendido con el señor Muñoz.

Dios se lo pague a ese hombre. Yo no sé si mi papá le pagaría, pero nos llevó a la puerta de la casa.

Todavía recuerdo ese automóvil. Tenía un monito en el radiador que cambiaba dirección cuando el carro la cambiaba.

No sé lo que nos dijo cuando nos dejó en la casa, pero, por lo menos, nuestro viaje estaba terminado.

Mi mamá estaba dentro de la cocina lavando trastes. Mi papá y los trabajadores, después de comer, habían vuelto a trabajar en el betabel. Los muchachitos jugaban en una pila de tierra con muchos carritos. No más nos miraban. Les dijo mi tío:

—¿Dónde está su mamá?

— ¡Mamá—gritó uno—las hermanitas!

Mi mamá soltó un llanto. No salía a abrirnos la puerta porque empezó a llorar recio. Vino cuando pudo.

Yo le decía a mi hermana:

—Abre la puerta.

—Yo no. Abrela tú.

Yo no quería abrirla porque yo había ofendido a mis padres cuando me casé en México sin decirles. No quería entrar adelante. Me daba pena.

Cuando mi madre abrió la puerta, mi hermana fue la primera que entró. Se abrazaron. Todos estábamos llorando. Nos abrazamos todos. Nos dijo mi madre:

—Siéntense. ¡Ya verán qué pronto viene su padre! Ahorita viene. Hijas de mi vida, yo me moría. Sabrá Dios cómo vendrían ustedes por ahí con hambre.

—No, mamá, no se apure. No teníamos hambre.

Mi padre llegó con los trabajadores, y ya no trabajó la gente. Nos recibieron con mucha alegría.

Trabajamos en el betabel. Mi esposo vivió aquí solo tres años. Se murió de la influenza en 1918.

JOSEFINA AGUILERA
Garden City, Kansas

UN VIAJE LARGO Y ARDUO

El 25 de junio de 1916 salimos de Aguascalientes, México. Veníamos en un tren de pasajeros cuando nos pararon y nos dijeron que no podíamos continuar dentro de los coches, pero que teníamos que subirnos en los techos de los carros. Como era el tiempo de la Revolución, los soldados tomaban los asientos en los trenes cuando los necesitaban.

Mucha gente se subía arriba del tren y sabíamos que, a menudo, se caían unas criaturas y hasta unas mujeres grandes se caían y se mataban. Por eso, tenía miedo, y no quiso subir mi mamá. Estaba muy feo.

Mi mamá lloraba y decía:

—¿Cómo me voy a subir allá arriba? Yo no me puedo subir.

Mi papá al ver que mi mamá no dejaba de llorar y que estaba muy apurada le dijo al conductor:

—Señor, ¿por qué no me hace el favor de dejar subir a mi familia en esa góndola? Tiene tierra allá adentro, pero no le hace. Que se suba mi familia para que no vayan a caer de allá arriba.

—Pués, déjenlos que se suban—contestó el conductor.—Está muy bien.

Entonces nos subimos a esa góndola. Yo tenía once años, y mis hermanos tenían cinco y diez y seis años. En cuanto nos vieron subir, la gente de arriba comenzó a bajar. Se llenó en seguida la góndola de muchachitos, de gente grande, y de todos los que pudieron caber. En esa góndola nos venimos hasta Zacatecas.

En todo ese camino desde Aguascalientes hasta Zacatecas vimos a muchos hombres colgados en los postes. Con el aire se movían. Eran unos soldados villistas; otros eran carrancistas. Si los carrancistas llegaban a un pueblo primero y encontraban a hombres que pensaban que eran villistas, los colgaban. Los villistas hacían lo mismo. A nadie le causaba admiración, porque ya todos sabíamos que los revolucionarios mataban a la gente en dondequiera. Se miraban muy feos con las lenguas sacadas, pero nadie ponía atención, porque por dondequiera estaba lo mismo.

Como los soldados no dejaban mucha comida para la gente, mi mamá no

135

más hizo un costal grande de puros panes de harina. Era todo lo que traíamos para comer. Los otros no traían nada que comer—nada. Cuando nos dio hambre, le pedimos a mi mamá que nos diera algo para comer. Agarró una taza porque ya venían las gorditas hechas pedazos. En cuanto vieron las señoras y los niños la comida, todos comenzaron a pedir algo. Se acabó en un ratito todo el costal de panes. De allí no tuvimos nada que comer hasta que llegamos a El Paso. No vendían nada en el tren. Toda la gente aguantaba. Lo único que tomábamos era agua.

En Zacatecas se quedaron los soldados, y pudimos subir en coches.

Luego llegamos a Juárez donde nos pasó mi tía para este lado. No más pagamos un centavo. Primero nos bañaron en un agua pestosa de arriba abajo. Nos quitaron la ropa y, también, la lavaron en esa agua que olía muy fea. Por eso salimos apestando al entrar en los EE. UU.

Un rengachista nos mandó a un pueblito en Tejas. En ese viaje no más nos dieron sardinas y galletas para comer. En los tres meses que estuvimos en ese pueblo, mi papá nunca sacó un dinero más que cincuenta centavos en un pago. Mi hermano de diez y seis años que, también, trabajaban en el *traque* no más sacó veinte y cinco centavos. Los mayordamos hacían una lista de lo que compraba la gente para comer. Cuando llegaba el cheque, no nos daban nada del dinero porque decían que todo se había quedado en la provisión. No sacábamos más que papas, frijoles, harina, café y azúcar.

Un día el comisario se enojó con mi hermano mayor y le dijo que lo iba a matar. Mi papa anunció:

—Ya no nos podemos quedar aquí. Puede ser que cualquier día ese hombre le pueda dar un golpe a Elidoro. Nos vamos a ir.

No teníamos ni un centavo. Absolutamente nada. A la una de la mañana salimos para que nadie nos viera. Cargamos unas maletas con las cobijas a un poco de ropa. Mi mamá hizo unos "biscuits" y frijoles. Mi primo, su esposa, su herma- y sus dos niños de tres y un año huyeron con nosotros. Anduvimos diez y ocho millas por todo el *traque* hasta que llegamos a otro pueblo. A las cinco de la tarde llegamos. Allí unos mexicanos que vivían en unas casas de tallas nos dejaron quedar allí afuera.

Otro día mi papá y mi primo fueron en busca de un renganchista. Nos echaron en un tren y nos mandaron a Abilene, Kansas. Duramos allí nueve mesès.

Entonces mi hermana y su esposo que ya estaban en Hutchinson, Kansas, le prestaron a mi papá dinero para que nos viniéramos a Hutchinson. En diciembre de 1916 llegamos. Desde entonces vivimos aquí.

LUCIA MARTINEZ
Hutchinson, Kansas

DE SAN ROQUE A HUTCHINSON

Nací en la hacienda de San Roque en 1888. Fui bautizada en Irapuato, Guanajuato, una ciudad a cuatro kilómetros de la hacienda.

Pasamos una vida triste y trabajosa porque vivimos en un tiempo cuando había mucha necesidad. Cuando los hombres podían conseguir trabajo, ganaban veinte y cinco centavos al día. Así es que él que trabajaba seis días, sacaba un peso cincuenta a la semana. No había trabajo para las mujeres, no más para los hombres. Sufrí mucho en aquellos días; ahora no, ahora gozo de la vida. Desde que venimos a los EE. UU., se acabó el sufrimiento. Aquí había bastante trabajo para los hombres. También ganaban poco, pero era más suficiente de lo que se ganaban en México. De manera es que tenemos que recordar nuestro modo de vivir, antes de cómo vivimos y de cómo sufrimos. Así es que vivo contenta hoy, sin orgullo, porque he vivido tan feliz y tan a gusto en los EE. UU.

Durante la Revolución, mi esposo, primero, anduvo con los carrancistas, y luego se cambió a los villistas. Por haberse cambiado a los villistas, lo tuvo que perseguir el gobierno. Después de andar con los villistas, mi esposo se cambió a otro grupo. Estos hombres fueron los que nos hicieron ir a Yucatán. Ya los dos, los carrancistas y los villistas, lo perseguían. No querían sólo apresurarlo sino matarlo.

Duramos dos años en Mérida, Yucatán, muy felices y contentos allí. Es un lugar muy hermoso para vivir. Quisiéramos habernos quedado allá, pero teníamos dos hijos que querían venir a los EE.UU.

Una vez los carrancistas vinieron a mi casa en la hacienda de San Roque en busca de mi esposo. (Esto fue antes de irnos a Yucatán.) Me dieron unos sustos terribles, pero yo les hablé con mucho valor. Pensaban que yo lo tenía escondido. Les decía que pasaran dentro de la casa y que buscaran por dondequiera. Tenía una fila de rastrojo y querían quemarla. Les dije que hicieran lo que quisieran porque no tenía miedo porque yo no lo tenía en casa ni sabía en donde estaba.

Otra vez mi esposo iba perseguido por el gobeirno y casi lo cogieron. Siempre se recordaba mi esposo de la mujer que le salvó la vida. En aquellos tiempos los que huían del gobierno tenían miedo de entrar en las casas de sus amigos o conocidos porque las tropas era capaces de quemar las casas o matar a las personas que ayudaban a los que buscaban. Esta vez los del gobierno se acercaban y mi esposo no sabía cómo iba a escaparse cuando se encontró con una mujer que le preguntó de quiénes huía. Al oír su cuento, ella le dijo que se metiera en un hoyo hondo que estaba detrás de su casa. Mi esposo lo hizo. Cuando llegaron las tropas, le preguntaron a la señora si había visto a un hombre corriendo por allí. Ella les contestó que no más los había visto a ellos y que no sabía nada de un hombre. Les mostró un nopalero cercano diciéndoles que posiblemente se escondía allí. La creyeron y continuaron su búsqueda de mi esposo.

En 1919 cuando veníamos a los EE. UU., nos quedamos unos días en Irapuato en la casa de mi primo hermano. Un día llegó un amigo de mi esposo para hablar con él. Este amigo le traía un mensaje.

—Pablo—le dijo—¿tienes salida para algún lugar?

—Sí, tengo salida—le contestó mi esposo.

—¿Para dónde vas a salir?

—Pienso irme a los EE. UU.

—Quiero que te vayas pronto, porque te vienen a buscar. Todavía es peligroso para ti. Arregla todo para irte en seguida.

—Ya tengo todo arreglado.

—Pués, dame el dinero y voy y te compro los billetes. En la mañana, vete a la estación, siéntate y tan pronto como llegue el tren y se baje toda la gente, sé el primero en subirte con tu familia. Cuando lleguen a buscarte, ya te habrás ido.

Así fue. Llegamos directamente a Laredo. Un amigo nuestro nos acompañó hasta Laredo para asegurarse que llegáramos seguros.

Los renganchistas fueron los que nos mandaron a Kansas. Vinimos nueve —mi esposo, dos hijos, mi mamá, mi primo hermano y tres muchachos de la hacienda de San Roque. Los padres de los tres muchachos le habían pedido que les prestara dinero para que pudieran venir con nosotros. Mi esposo, siendo muy caritativo les dijo que sí.

—Pero, ¿cómo vas cargando tanta gente? —le decía yo.—Por causa de andar cargando tanta gente, mis hijos van a sufrir hambre porque es mucho darles de comer a nueve personas en un restaurante.

No me hizo aprecio diciendo:

—Pobres de ellos. También se quieren ir. Cuando consigan trabajo, me pagarán.

Los trajimos.

Llegamos a Inman y todos agarraron trabajo, menos mi hijo menor con la compañía de ferrocarril. Nos quedamos en Inman algún tiempo, antes de ir a Medora y a Hutchinson.

MARIA PETRA ALFARO
Hutchinson, Kansas

MI LLEGADA Y VIDA AQUÍ

Me vine de México porque un día mi madre anunció:

—Hijo, tú vas a ir a los EE. UU. para vivir con tu hermano.

En aquellos tiempos todavía se respetaba a sus padres; lo que ellos decían se hacía. No se decía que no.

Las cosas se ponían malas a causa de la Revolución. Mi madre se había casado otra vez, y el padrastro mío era muy malo conmigo.

Me vine con un amigo en 1913 hasta Laredo donde me detuvieron. Me dijeron que no me apurara y que todo se arreglaría. Me llevaron a la casa de un americano en Laredo, México, que era renganchista.

—Oye, de modo que vas para Garden City. ¿Sabes la dirección de tu hermano?

—No. Solo sé que trabaja para el Santa Fe.

—¿Cuánto dinero tienes?

—Cuatro o cinco pesos.

—Pues, dame tres pesos. Le llamaré por teléfono.

Hasta que se vino mi hermano por mí, estuve allí en la casa del americano. En veintitrés días llegó mi hermano y me trajo a Garden City. Había como seis o siete familias aquí cuando llegué. Pasamos unos sufrimientos. A pesar de todo, de vez en cuando, nos juntábamos. Aunque éramos pobrecitos, bailábamos y tocábamos nuestras guitarras para gozar un poco de la vida.

Nosotros, los viejos, compramos o rentamos casas en este barrio al este lado del *traque* porque no nos vendían o rentaban casas al otro lado. Había hombres que no nos querían aquí.

Cuando el hijo mío se fue a la guerra, yo fui con él a una cantina. Pedí una cerveza. El dueño me dijo que me la vendería pero que tenía que beberla afuera porque allí dentro no me permitían beber la cerveza.

—Oye, mi hijo sale para Alemania para luchar por nosotros para que tú tengas tu negocio.

— ¡Salte, salte! —fue la respuesta del dueño.

Para la nueva generación ha sido diferente. No queremos que ellos sufran. Queremos que ellos tengan otro modo en los EE. UU.

GREGORIO MUJICA
Garden City, Kansas

NUESTROS SUEÑOS

A la edad de diecinueve años tomé matrimonio con mi esposa. El salario de aquellos tiempos era cuarenta centavos al día. Sin embargo, nosotros siempre vivíamos con los sueños que algún día, las cosas cambiarían. Mi esposa y yo pensábamos que si teníamos hijos, sería diferente para ellos.

Llegó a cumplirse el gran sueño de nosotros en 1949 y 1950 cuando mi esposa y yo nos reunimos en Wellington, Kansas; fue un momento de gran triunfo para la familia.

Sin embargo, cuando un inmigrante viene a una nación donde su lengua es diferente, es muy terrible. Después de mucho trabajo, empezamos a entender un poquito el inglés.

Un escritor dijo: "Una persona que no tiene ambición, no debe existir." Siempre ha habido ambición en la familia. Dios ha bendecido nuestro matrimonio con cuatro hijos vivos, dos varones y dos mujeres. Tenemos vienticinco nietos y dos bisnietos. Nos han demostrado tanto respeto, que, en la actualidad, en nuestra presencia, nunca los hemos visto tomar un trago de licor.

Con todo orgullo y satisfacción, podemos decir que América es el sueño de todo el mundo. Todo el mundo tiene los ojos hacia América.

SOTERO H. SORIA
Wellington, Kansas

CONCLUSION

De lo anterior se pueden sacar algunas conclusiones generales de nuestros informantes y sus antepasados. Era una gente profundamente moral y religiosa. La Virgen, el Santo Niño, y los santos los protegían y los consolaban a la vez. La iglesia era el centro de la vida social, y el padre, su consejero y su maestro. La celebración del día de un pueblo era la causa de una fiesta, de procesiones religiosas y de festividad alegre. Aunque Dios siempre estaba presente, también lo estaba el diablo. Era una amenaza constante, listo para entrampar a los inocentes y los desobedientes. Sus discípulos fueron brujas, lloronas, o amantes celosos que embrujaban a los otros, y que se podían conquistar sólo con el poder de la fe.

Para muchos, la pobreza era un compañero íntimo. Había que trabajar largas horas, y el sueldo era poco. Desde el amanecer hasta el anochecer, trabajaban los hombres y hasta los niños en los campos o en los pueblos. Mientras tanto las mujeres tenían sus quehaceres arduos en casa. A causa de la escasez de la comida, el hambre, frecuentemente, se arrimaba.

Sin embargo, no estaban sin un buen sentido de humor. Sus cuentos folklóricos, demuestran su inclinación por lo irónico, lo chistoso, y la ingenuidad del hombre.

En cada matrimonio los esposos o los padres eran los jefes de sus familias. Los niños no sólo aprendían a respetar a los ancianos sino a amarlos. Las relaciones familiares eran fuertes y obligatorias. Las bodas eran una causa para celebrar y para reunir a las familias y a los amigos. Si había suficiente dinero, la comida y el festín eran profusos. Se preparaban comidas especiales. Había músicos que tocaban para los huéspedes que, a menudo, bailaban toda la noche.

Ni siquiera los horrores de la Revolución pudieron destrozar la unidad de la familia. Aun aguantaron cuando los diversos grupos de revolucionarios invadían y saqueaban las haciendas o los pueblos y violaban a las mujeres. Estas experiencias les dieron la fuerza para tolerar los viajes tan penosos por tren a los EE. UU. y las privaciones que, a veces, sufrieron al llegar a este país.

La herencia rica de la cultura mexicana les ha dado a nuestros informantes de ascendencia mexicana unos valores sociales, religiosos y morales que esperan pasar a las generaciones que son sus herederos. Con la esperanza que esta herencia no se olvide, se presentan estas memorias para mañana.

FOOTNOTES / NOTAS

1. Charles C. Cumberland, *Mexico: The Struggle for Modernity* (New York, Oxford University Press, 1968), pp. 241-272.

2. Frank Tannenbaum, *Mexico: The Struggle for Peace and Bread* (New York, Alfred A. Knopf, 1950), p. 55.

3. Michael C. Meyer and William L. Sherman, *The Course of Mexican History* (New York, Oxford University Press, 1979), p. 542.

4. *Ibid.*, pp. 544-545.

5. Daniel James, *Mexico and the Americans* (New York, Frederick A. Praeger, 1963), p. 193.

6. Tannenbaum, *op. cit.*, pp. 137-140.

7. Friedrich Katz, "Labor Conditions on Haciendas in Porfirio Mexico," *Hispanic American Historical Review*, Vol. 4, No. 1, 1974, p. 11.

8. *Ibid.*, p. 42.

9. *Ibid.*, pp. 42-43.

10. *Ibid.*, pp. 35-36.

11. *Ibid.*, p. 43.

12. *Ibid.*, p. 29.

13. *Ibid.*, pp. 45-46.

14. *Ibid.*, pp. 47.

15. Henry B. Parkes, *A History of Mexico* (Boston, Houghton Miflin, 1970), p. 398.

16. Judith Fincher Laird, *Argentine, Kansas: The Evolution of a Mexican-American Community, 1905-1940,* unpublished doctoral dissertation (una tésis inédita para el doctorado), University of Kansas, 1975, p. 30.

17. Tannenbaum, *op. cit.*, p. 140.

18. Frans J. Schryer, "A Ranchero Economy in Hidalgo," *Hispanic American Review,* Vol. 59, No. 3, August, 1979, p. 441.

19. *Ibid.*, p. 442.

20. Tannenbaum, *op. cit.*, p. 148.

21. Lawrence A. Cardosa, *Mexican Emigration to the United States 1897-1931* (Tucson, Arizona, The University of Arizona Press, 1980), p. 72.

22. *Ibid.*, pp. 73-74.

23. *Ibid.*, p. 85.

24. Cumberland, *op. cit.*, p. 247-248.

25. Cardosa, *op. cit.*, p. 73.

26. *Ibid.*, p. 74.

27. Laird, *op. cit.*, p. 93.

28. Cardosa, *op. cit.*, p. 53.

29. *Ibid.*, p. 94.

30. *Ibid.*, p. 94.

31. *Ibid.*, pp. 83-84.

32. *Ibid.*, p. 94.

33. Tannenbaum, *op. cit.*, p. 140.

34. Manuel Gamio, *Mexican Immigration to the United States* (Chicago, University of Chicago Press, 1930), p. 35.

35. *Ibid.*, pp. 159-163.

36. U.S. Bureau of the Census, *Fifteenth Census of the United States, 1930: Population*, Vol. II, No. 19, p. 351.

37. Hector Franco, *Mexicans in the State of Kansas*, unpublished master's thesis (una tésis inédita de maestría), Wichita State University, 1950, p. 53.

38. Larry G. Rutter, *Mexican-Americans in Kansas: A Survey and Social Mobility Study, 1900-1970,* unpublished master's thesis (una tésis inédita de maestría), Kansas State University, 1972, p. 45.

39. *Ibid.*, p. 45.

40. *Ibid.*, p. 85.

41. *Ibid.*, p. 90.

42. Laird, *op. cit.*, p. 198.

43. *Ibid.*, p. 199.

44. *Ibid.*, p. 200.

45. *Ibid.*, p. 114.

46. *Ibid.*, p. 144.

47. *Ibid.*, p. 114.

48. Tannenbaum, *op. cit.*, p. 123.

49. Rutter, *op. cit.*, p. 118.

50. *Ibid.*, p. 120.

BIBLIOGRAPHY / BIBLIOGRAFIA

Books / Libros

Cordosa, Lawrence A., *Mexican Emigration to the United States 1897-1931* (Tucson, Arizona, The University of Arizona Press, 1980).

Cumberland, Charles C., *Mexico: The Struggle for Modernity* (New York, Oxford University Press, 1968).

Franco, Hector, *Mexicans in the State of Kansas*, unpublished master's thesis (una tésis inédita de maestría), Wichita State University, 1950.

Gamio, Manuel, *Mexican Immigration to the United States* (Chicago, University of Chicago Press, 1930).

James, Daniel, *Mexico and the Americans* (New York, Frederick A. Praeger, 1963).

Laird, Judith Fincher, *Argentine, Kansas: The Evolution of a Mexican-American Community 1905-1940,* unpublished doctoral dissertation (una tésis inédita para el doctorado), University of Kansas, 1975.

Meyer, Michael C. and Sherman, William L., *The Course of Mexican History* (New York, Oxford University Press, 1979).

Parkes, Henry B., *A History of Mexico* (Boston, Houghton Miflin, 1970).

Rutter, Larry G., *Mexican-Americans in Kansas: A Survey and Social Mobility Study, 1900-1970*, unpublished master's thesis (una tésis inédita de maestría), Kansas State University, 1972.

Tannenbaum, Frank, *Mexico: The Struggle for Peace and Bread* (New York, Alfred A. Knopf, 1950).

U.S. Bureau of the Census, *Fifteenth Census of the United States, 1930: Population,* Vol. II, No. 19.

Journals / Revistas

Katz, Frederick, "Labor Conditions on Haciendas in Porfirio Mexico," *Hispanic American Historical Review*, Vol. 54, No. 1, 1978.

Schryer, Frans J., " A Ranchero Economy in Hidalgo," *Hispanic American Historical Review*, Vol. 59, No. 3, 1979.